YUCATÁN

INSIDER-TIPP
Deine Abkürzung ins Erleben!

Reisen mit MARCO POLO Insider-Tipps

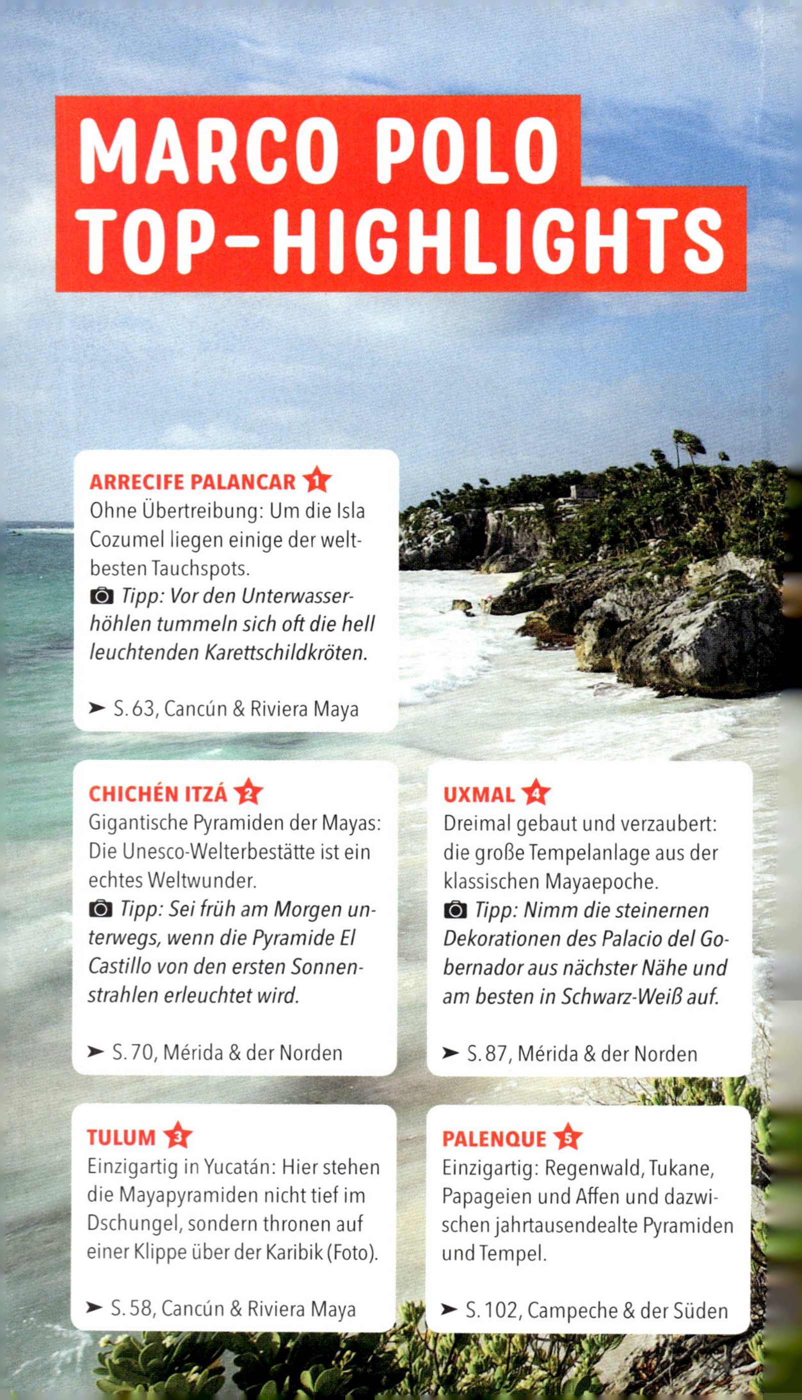

MARCO POLO TOP-HIGHLIGHTS

ARRECIFE PALANCAR 1

Ohne Übertreibung: Um die Isla Cozumel liegen einige der weltbesten Tauchspots.

Tipp: Vor den Unterwasserhöhlen tummeln sich oft die hell leuchtenden Karettschildkröten.

➤ S. 63, Cancún & Riviera Maya

CHICHÉN ITZÁ 2

Gigantische Pyramiden der Mayas: Die Unesco-Welterbestätte ist ein echtes Weltwunder.

Tipp: Sei früh am Morgen unterwegs, wenn die Pyramide El Castillo von den ersten Sonnenstrahlen erleuchtet wird.

➤ S. 70, Mérida & der Norden

UXMAL 4

Dreimal gebaut und verzaubert: die große Tempelanlage aus der klassischen Mayaepoche.

Tipp: Nimm die steinernen Dekorationen des Palacio del Gobernador aus nächster Nähe und am besten in Schwarz-Weiß auf.

➤ S. 87, Mérida & der Norden

TULUM 3

Einzigartig in Yucatán: Hier stehen die Mayapyramiden nicht tief im Dschungel, sondern thronen auf einer Klippe über der Karibik (Foto).

➤ S. 58, Cancún & Riviera Maya

PALENQUE 5

Einzigartig: Regenwald, Tukane, Papageien und Affen und dazwischen jahrtausendealte Pyramiden und Tempel.

➤ S. 102, Campeche & der Süden

ISLA MUJERES ⑥

Ganz entspannt im Hier und Jetzt: die Insel für alle, die ohne großen Rummel auskommen.

➤ S. 50, Cancún & Riviera Maya

GRAN MUSEO DEL MUNDO MAYA ⑦

Méridas Weltklasse-Ausstellung beginnt zur Abwechslung mal mit den Mayas von heute und führt dann zurück zu ihren Pyramiden.

➤ S. 81, Mérida & der Norden

CALAKMUL ⑧

Nicht nur für die Mayas ein echter Stairway to Heaven – eingebettet in dichten Regenwald.

📷 *Tipp: Besteig die 45 m hohe Pyramide Estructura II und setz die unter dir liegende Gran Plaza in Szene!*

➤ S. 101, Campeche & der Süden

PLAYA DEL CARMEN ⑨

Lass dich treiben in der quirligen Fifth Avenue – und dann nichts wie ab ins türkisfarbene Meer!

📷 *Tipp: Eine Detailaufnahme der kunterbunten handbestickten Blusen – jede ein Kunstwerk!*

➤ S. 53, Cancún & Riviera Maya

XCARET ⑩

Ein Besuch im ältesten und größten der yucatekischen Erlebnisparks garantiert jede Menge Spaß und Genuss.

➤ S. 55, Cancún & Riviera Maya

INHALT

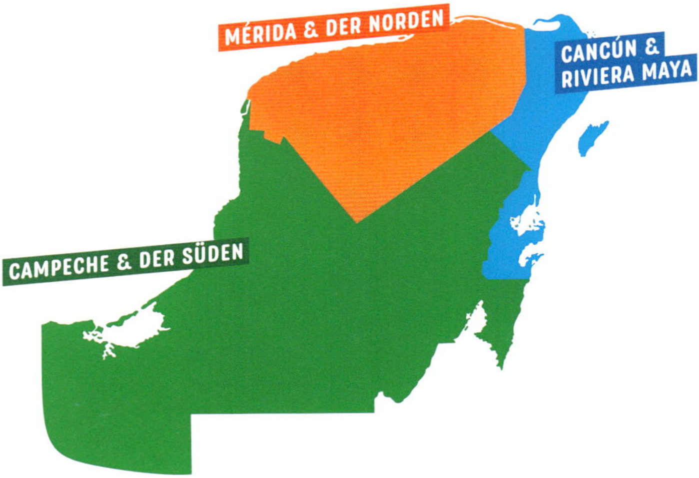

INHALT

Besuch planen
€-€€€ Preiskategorien
(*) Kostenpflichtige Telefonnummer
Essen/Trinken
Shoppen
Ausgehen
Top-Strände

(🕮 A2) Herausnehmbare Faltkarte

BESSER PLANEN MEHR ERLEBEN!

Digitale Extras
go.marcopolo.de/app/yuc

MARCO POLO
DIGITALE EXTRAS

DIGITAL NOCH MEHR ERLEBEN

Schneller in Urlaubslaune kommen.

Perfekt organisiert sein – vor, während und nach dem Urlaub.

Mit der MARCO POLO Touren-App und unseren digitalen Angeboten.

Noch mehr Trendziele, Inspiration und aktuelle Infos findest du auf **marcopolo.de**

SO EINFACH GEHT'S

1. Website besuchen
2. Die digitale Welt von MARCO POLO entdecken
3. App runterladen und ab in den Urlaub

Alle Infos zum digitalen Angebot unter **marcopolo.de/app**

DAS BESTE ZUERST

So geht Karibik: Strand auf der Isla Mujeres vor Cancún

BEST OF

BEI REGEN

SCHÖN, AUCH WENN ES REGNET

IM INSELMUSEUM

Klein, etwas altmodisch-verstaubt und mit Liebe gestaltet: Im *Museo de la Isla de Cozumel* bestaunst du Unterwasserfunde der präkolumbischen Zeit, Exponate aus Piratentagen und viele andere von den Einwohnern gesammelte Ausstellungsstücke.

➤ S. 62, Cancún & Riviera Maya

BESUCH BEIM REGENGOTT

Die Tropfsteinhöhle von *Balankanché* bei Chichén Itzá verzaubert mit einer Unzahl von Stalagmiten und Stalaktiten; ein magischer Ort ist sie auch, weil die Maya hier ihrem Regengott Chac huldigten. Nach der Tour durch sein Reich gehts in das kleine Museum, wo du einiges über heutige Regenzeremonien der Mayas erfährst. (Foto)

➤ S. 74, Mérida & der Norden

WALKING IM KLOSTER

Regen fällt, doch unter den langen Arkaden des ehemaligen Franziskanerklosters *Convento San Antonio de Padua* aus dem 16. Jh. in Izamal ist es jetzt besonders stimmungsvoll. Einmal rund um das zweitgrößte Atrium der Welt – und dann vielleicht noch eine gemächliche zweite Runde?

➤ S. 77, Mérida & der Norden

MIT DER BAHN INS FORT

Die Altstadt von Campeche ist von Forts umgeben, die sich wie das Fuerte de San Miguel besichtigen lassen. Die Touristenbähnchen *Tranvía* und *El Guapo* bringen dich trocken hin.

➤ S. 96, Campeche & der Süden

¡OTRO CAFÉ, POR FAVOR!

Hohe Wellen bewegen das Meer, die Palmwedel rauschen: Zeit für noch einen Kaffee oder einen weiteren Ananassmoothie mit Ingwer im schönsten Café auf der Isla Mujeres: dem *Oceanus Beach Club* in einem karibisch gestylten Holzhaus.

➤ S. 51, Cancún & Riviera Maya

BEST OF
LOW-BUDGET

FÜR DEN KLEINEN GELDBEUTEL

AUF HUMBOLDTS SPUREN IM ALTEN FORT
Im Baluarte de Santiago in Campeche lockt ein kostenloser Spaziergang im *Botanischen Garten Xmuch-Haltún.* Zu sehen gibts einen gewaltigen Ceibabaum und über 200 subtropische Pflanzenarten, umgeben von den Festungsmauern der Piratenstadt.
➤ S. 97, Campeche & der Süden

DAS WOCHENENDE IN MÉRIDA DURCHFEIERN
Das wöchentliche Straßenfest *El Corazón de Mérida* beginnt am Samstagabend mit Folklore und Marimbamusik und setzt sich sonntags an der Plaza Grande fort – alles umsonst (Foto).
➤ S. 83, Mérida & der Norden

LIEDER DER SEHNSUCHT
Auf dem *Zócalo,* Campeches Hauptplatz, wirst du abends mit der traditionellen Musik der Region verwöhnt, vorgetragen von den besten Musikern der Stadt. Und am Kiosk auf dem Platz siehst du die Paare vereint bei regionalen Volkstänzen.
➤ S. 100, Campeche & der Süden

HER MIT DER KUNST!
Im Fischerdorf Puerto Morelos gibt es einen tollen täglichen *Artisans Market:* Hier kaufst du günstig die besten Hängematten, handgewebte indianische Kleider und kommst vielleicht sogar mit den wenig aufdringlichen Händlern ins Gespräch.
➤ S. 49, Cancún & Riviera Maya

MIT TAUCHERBRILLE UND FLOSSEN
Kristallklares Wasser, bunte Fische, üppige tropische Vegetation: Im *Cenote Azul* in Playa del Carmen zu schwimmen, zu schnorcheln oder zu tauchen ist ein tolles Erlebnis – und der Eintrittspreis ist nicht der Rede wert. Also nichts wie hin!
➤ S. 54, Cancún & Riviera Maya

BEST OF

MIT KINDERN

SPANNENDES FÜR GROSS & KLEIN

SOOO VIEL ZU SEHEN UND ZU ENTDECKEN!

Xcaret ist der schönste unter Yucatáns Erlebnisparks. Und wenn die Kids nach der Schnorcheltour durch eine Höhle, der Floßfahrt und dem Papageientätscheln abends immer noch nicht müde sind, locken dramatisch inszenierte Pferde- und Mayashows.

➤ S. 55, Cancún & Riviera Maya

SCHILDKRÖTENBABYS BESUCHEN

In der *Tortugranja* auf der Isla Mujeres werden gefährdete Meeresschildkröten aufgepäppelt. Kinder freuen sich, den in Becken lebenden Tieren Futter zu geben – und lernen ganz nebenbei so einiges über unsere Umwelt.

➤ S. 52, Cancún & Riviera Maya

WAS IST ROSA UND STAKST DURCH DIE MANGROVEN?

Na, erraten? Die wilden Flamingos im *Parque Natural del Flamenco Mexicano de Celestún* natürlich – und beim Bootstrip durch die Mangrovenkanäle gibt es auch noch Pelikane zu sehen.

➤ S. 86, Mérida & der Norden

PIRATEN DER KARIBIK

Über die mächtigen Wehrmauern und Verteidigungsanlagen laufen, die die alte Piratenstadt noch heute vollständig umgeben. Und dann im *Baluarte de San Francisco* die Seeräuberausstellung anschauen: echt klasse, dieses Campeche!

➤ S. 98, Campeche & der Süden

PER FAHRRAD ZU DEN PYRAMIDEN

Lange, schattige Wege durch den Urwald ziehen sich durch die archäologische Stätte von *Cobá*. Am Eingang leihst du dir Fahrräder oder eine Fahrradrikscha (Foto) und auf gehts zur Entdeckung. Wer sieht die erste Mayapyramide?

➤ S. 59, Cancún & Riviera Maya

BEST OF

TYPISCH

DAS ERLEBST DU NUR HIER

EIN TRAUM VON EINEM STRAND
Kilometerlang erstreckt sich der weiße Puderzuckerstrand von *Playa del Carmen* parallel zur Fifth Avenue, der Flaniermeile der Partyhochburg. Karibik vom Feinsten! Fischerboote, Pelikane, Kneipen und Beachclubs zum Tanzen bis in den Morgen.
➤ S. 53, Cancún & Riviera Maya

BADEN IM HEILIGEN BRUNNEN
Für die Mayas war der von Steilwänden umgebene *cenote Ik Kil* einst ein heiliger Brunnen. Heute springst von einer Plattform ins Naturschwimmbecken und lässt dich treiben. Wellness à la Yucatán! (Foto)
➤ S. 73, Mérida & der Norden

TACOS, TAMALES & CO.
Mexikos Küche ist spitze und gehört sogar zum Unesco-Welterbe. Jede yucatekische Stadt hat ihre eigenen Spezialitäten und Rezepte – *delicioso,* ob an der einfachen Fischbude oder im stylishen Patiolokal. Besonders gut isst man in Valladolid, z. B. im *Mesón del Marqués* und im *Ix Cat Ik.*
➤ S. 75, Mérida & der Norden

PYRAMIDEN UND KOLONIALARCHITEKTUR
Eine Mayapyramide mitten im Zentrum der Kolonialstadt? *Kinich Kakmó* thront tatsächlich in der Altstadt von Izamal. Das eindrucksvolle Bauwerk darf man sogar besteigen. Aus 35 m Höhe genießt du dann den wunderbaren Blick hinab auf die abendländische Kultur.
➤ S. 78, Mérida & der Norden

HIPPIE TO GO
Die *Isla Holbox* ist ideal für Robinsonaden: Karibikstrände und Palmenhaine wie im Bilderbuch, die Tage vergehen mit Muschelsuchen und Nichtstun. Abends trifft man sich in palmblattgedeckten Bars auf ein kühles Sol.
➤ S. 49, Cancún & Riviera Maya

SO TICKT YUCATÁN

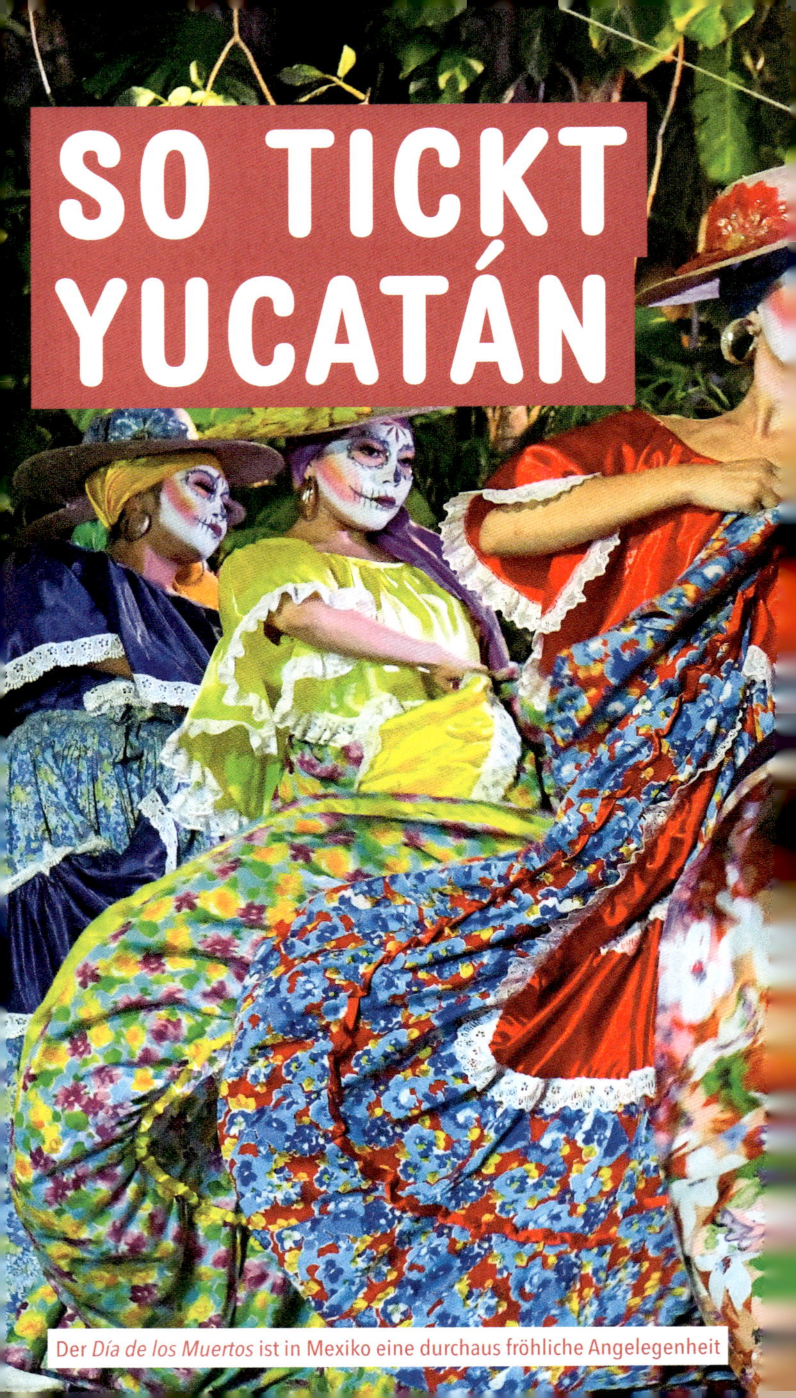

Der *Día de los Muertos* ist in Mexiko eine durchaus fröhliche Angelegenheit

ENTDECKE YUCATÁN

Pyramide des Kukulcán in Chichén Itzá: Viermal 91 Stufen führen hinauf

Palmen, türkis glitzerndes Meer und weiße Sandstrände, jahrhundertealte Mayatempel und steile Pyramiden. Undurchdringlicher Dschungel und Kolonialstädte wie aus dem Bilderbuch. Marimbamusik auf der Plaza und Flanieren auf meterdicken Wehrmauern. Eine *sopa de lima* unter Arkaden und eine eiskalte Margarita unterm Palwedeldach genießen. Wo das alles zusammenkommt? Natürlich hier, in Yucatán!

Yucatán, das ist Mexiko in Ferienlaune. Super entspannt und eine Spur verrückt, eben *muy simpático:* Hier kannst du Pyramiden im Urwald besteigen, an traumhaft schönen Karibikstränden entspannen, zwischen tropischen Fischschwärmen tauchen und mit den Nachkommen der alten Mayas ins Gespräch kommen. Von Cancún – hier liegt der internationale Flughafen – bis hinunter ins 130 km entfernte Tulum erstreckt sich die Riviera Maya, Spielplatz für Sandburgenbauer

- **1500 v. Chr.** Olmeken gründen Siedlungen am Golf von Mexiko
- **200–900 n. Chr.** Klassische Mayaepoche mit Pyramiden und Palästen
- **ab 850** Tolteken kommen nach Yucatán und verbinden sich mit den Mayas
- **ab 1492** Kolumbus entdeckt Amerika; spanische Seefahrer erkunden Yucatáns Küsten
- **1525** Gründung erster spanischer Städte
- **1562** Ein Missionar lässt alle Mayaschriften verbrennen

und Partygänger. Mit Chichén Itzá besitzt die Halbinsel eine der bedeutendsten Pyramidenstätten Mexikos. Wer es einsamer mag: In Edzná bei Campeche oder Ek Balam bei Valladolid teilst du das Abenteuer mit nur wenigen anderen Besuchern. Ein Highlight ist auch das mitten im Dschungel gelegene Calakmul mit gewaltigen Mayapyramiden– es versetzt dich in die Welt von Indiana Jones!

HACIENDAHOTELS UND HÄNGEMATTEN-PENSION

Hier gibt es Unterkünfte, wie du sie bislang noch nicht kennst: Von der alten Hacienda über kreativ designte Strandhäuser bis zur Nacht in der Hängematte bietet die Region so ziemlich alles. Und alle Wege führen nach Playa del Carmen. Seitdem Kreuzfahrtschiffe hier anlegen, ist das Angebot (und der Rummel) noch größer geworden. Auf der Flaniermeile 5a Avenida – der Quinta oder der Fifth, wie es hier heißt – pulsiert das Leben bis früh am Morgen. Auch am Strand liegen die Clubs; wird es drinnen zu voll, weichen die Gäste in den Sand aus und tanzen barfuß unterm Sternenhimmel weiter. Ruhige Ecken und Fluchtorte gibt es dennoch, beispielsweise je weiter du nach Süden kommst.

ROBINSON-TRÄUME

Kontrastprogramm zu Playa del Carmen ist die Isla Mujeres, ein winziges Inselchen gegenüber von Cancún. Süße Gästehäuser und Pensionen am Strand, Fischerkneipen und elektrische Golf-Carts, mit denen du unterwegs bist: Hier gibt es alles, was du brauchst. Abends trifft man sich zum Bier in der Strandbar und

16./17. Jh. Mayas werden durch Krankheiten und Sklavenarbeit dezimiert

1847–1902 „Krieg der Kasten": Mayas rebellieren gegen die Spanier

ab 1865 Der Anbau von Sisal macht Yucatán reich

1910–1917 Mexikanische Revolution unter Francisco Madero

2018 Der Linksnationalist Andrés Manuel López Obrador wird neuer Präsident

2020/2021 Auch Mexiko leidet schwer unter der Corona-Pandemie auf die Speisekarte kommt der Fang des Tages. Noch weiter ab vom Schuss liegt die Isla Holbox: Sandwege statt richtiger Straßen, kunterbunte karibische Holzhütten und als prominenteste Gäste bis zu 15 t schwere Walhaie, die das Meer durchpflügen. Mit seinen Mayapyramiden hoch über der Karibik und jeder Menge extravaganter Beachclubs zieht Tulum zunehmend Reisende an, die nicht aufs Geld achten müssen. In den Wintermonaten legen die von der Mittelmeerinsel bekannten DJs in improvisierten Clubs am Palmenstrand auf. Dann treffen sich hier New Yorker Redakteurinnen und Broker aus Kalifornien bei den Topfestivals, werden Modeaufnahmen gemacht und Kontake geknüpft.

INSIDER-TIPP
Ibiza goes Tulum

DAS MEXIKO DER MAYAS

Genug von Strandleben und Partyatmosphäre? Im Zentrum der Halbinsel erlebst du ein traditionelles und authentisches Mexiko. Laut und voller Leben, manchmal auch anstrengend und nicht aseptisch sauber. In den Städten und Dörfern leben noch heute Mayas, Nachkommen des uralten, präkolumbischen Volks, das lange vor der Ankunft der Spanier eine hohe Zivilisation schuf. Herzliche Menschen, die mit ihren Traditionen leben. Im Schnitt stellen diese *indígenas,* die indianischen Ureinwohner, in Mexiko nur 15 bis 20 Prozent der Bewohner, in Yucatán sind es satte 30. Leider gehören die Mayas, einst die Herren des Landes, heute eher zu den Verlierern der Gesellschaft. Faszinierendes Fenster in ihre magische Welt sind die *cenotes,* Dolinenseen im porösen Karst, von denen es hier Tausende gibt. Den Mayas galten sie als heilig. In einigen kannst du schwimmen und schnorcheln, andere wiederum ziehen als Teile eines gewaltigen Höhlensystems erfahrene Taucher aus aller Welt an.

CHARMANTES MÉRIDA

In Mérida widmet sich heute ein ganzes Museum der Kultur der Mayas: Ein Besuch im Gran Museo del Mundo Maya ist wirklich ein Muss! Das kulturelle Herz Yucatáns – es schlägt hier in Mérida. Ungezählte Paläste der Kolonialzeit prägen die Schöne, seit ihrer Gründung 1542 das kosmopolitische Zentrum der Halbinsel. Noch um 1900 verzeichnete die Stadt mehr Millionäre als Paris oder New York! Reich wurden die Bürger durch den Anbau und den Handel mit Sisal. In den Boomjahren des sogenannten grünen Golds von Yucatán entstanden prächtige Alleen und Stadtpaläste, riesige Haciendas vor den Toren Méridas.

Wenn es aber um den Titel der schönsten Kolonialstadt Yucatáns ginge, so wäre vermutlich Campeche mit seiner gewaltigen, vollkommen intakten Altstadt der Sieger: liebevoll gepflegt, ein Traum aus einstöckigen Patiohäusern und Palästen in Pastellfarben, viele als Boutiquehotels oder Restaurants geöffnet. In den Cafés unter den Arkaden und am Meer trifft man sich morgens zum *café con leche* und abends werden auf den meterdicken Bastionen Szenen aus der Epoche der Piraten und Freibeuter nachgestellt – langweilig wird es hier nie!

AUF EINEN BLICK

4.313.000
Einwohner

Sachsen: 4.085.000

2.400
Cenotes

Zahl aller registrierten mit Wasser gefüllten Kalksteinlöcher

147.748 km²
Fläche

Österreich und Schweiz: 125.164 km²

MAYATHAN

900.000

Zahl der aktiven Sprecher der Mayasprache

TOURISTEN IN CANCÚN

ÜBER 5 MIO.

pro Jahr

HURRIKAN-SAISON

JULI–NOVEMBER

COCHINITA PIBIL

Das yucatekische Nationalgericht: im Erdofen geschmortes Schweinefleisch

MARGARITA

Lieblingsdrink aller Besucher

EL CASTILLO
Yucatáns berühmteste Pyramide in Chichén Itzá

TULUM
Meistbesuchte Mayastätte der Halbinsel

YUCATÁN VERSTEHEN

AUF DEN SPUREN VON INDIANA JONES

Strandleben kann ganz schön langweilig sein, jedenfalls wenn nicht weit entfernt Abenteuer und Entdeckungen auf einen warten. Im Dschungel der Halbinsel liegen jahrtausendealte Pyramiden und Tempelstätten – neben den großen, bekannten auch solche, die noch völlig unerforscht sind. Tatsächlich vergeht kein Jahr, in dem Archäologen nicht neue Zeremonialstätten der Mayas entdecken. Erst vor Kurzem fanden Forscher im Biosphärenreservat Calakmul im Bundesstaat Campeche Pyramiden – die höchste 23 m hoch – sowie Paläste einer gewaltigen, 22 ha großen Mayasiedlung, die Chactún, „roter Stein", genannt wurde. In Yucatán hast du die einzigartige Chance, neben den Besuchermagneten wie etwa Chichén Itzá oder Tulum auch Stätten aufzusuchen, in denen du nahezu allein unterwegs bist – abgesehen von den Leguanen, Tukanen, Papageien und Brüllaffen, den heutigen Herrschern im Urwald.

DER ORT DER SCHILDKRÖTE

Wie schön: Ein Badeort an der Riviera Maya heißt Akumal, was in einem Mayadialekt „Ort der Schildkröte" bedeutet. Hier wie an vielen anderen Orten der yucatekischen Küste brüten die Tiere seit Jahrhunderten, suchen zwischen Mai und September zwecks Eiablage die Strände auf. Die *tortugas* sind gute Schwimmer, legen täglich um die Hundert Kilometer zurück. Ihre Orientierung ist phänomenal: So schwimmen die Weibchen stets an den Strand, an dem sie selbst geschlüpft sind. Schildkrötenbabys haben viele Feinde, ein Grund, weshalb man entlang der Küste immer mehr Aufzuchtstationen *(tortugranjas)* findet, die auch zu besichtigen sind. Bei einigen überwiegen jedoch die kommerziellen Interessen. Du kannst dich auch selbst für den Schutz der gefährdeten Tiere einsetzen. Fressen die *tortugas* z. B. Plastikabfälle, die von ihnen mit Quallen verwechselt werden, so sterben sie. Deshalb: am Strand weder Strohhalm noch Plastiktüte zurücklassen und erst recht keine Kippen.

WILDE WIRBEL

Der präkolumbische karibische Gott Huracán gab den Wirbelstürmen seinen Namen. Jedes Jahr im Herbst ist es so weit, wenn über der Karibik Luftmassen mit unterschiedlicher Temperatur und Feuchtigkeit aufeinandertreffen. Dann brausen die Stürme mit bis zu 200 km/h über das Meer und die Inseln auf die Küsten zu. Zum Glück kann man Hurrikans heute weitgehend vorhersagen, sodass Menschen normalerweise nicht zu Schaden kommen.

KARIBIK-CRUISING

Die Riviera Maya an der yucatekischen Karibikküste gehört zu den klassischen Kreuzfahrtdestinationen – du wirst das spätestens dann merken, wenn dir unterwegs große Gruppen von Kreuzfahrtpassagieren auf Landgang begegnen. Zu den beliebtesten Anlaufhäfen zählen San Miguel auf Cozumel und Progreso bei Mérida sowie der erst vor einigen Jahren fertiggestellte Hafen von Mahahual. Der bislang eher unbedeutende Badeort, durch den nur eine Durchgangsstraße führt, wurde mit einer tiefen Wasserrinne ausgestattet, sodass gewaltige Kreuzfahrtschiffe nun bis nah an den Strand fahren können und Passagiere anschließend über eine Brücke an Land gelangen. Vor Ort hat man sich auf diese zahlungskräftige Kundschaft eingestellt: So locken auf Cozumel ungezählte Juwelier- und Souvenirläden, in Playa del Carmen muss man sich an US-Amerikaner (Hauptklientel des boomenden Karibikkreuzfahrtmarkts) gewöhnen, die sich des kurzen Landurlaubs erfreuen: In großer Zahl schlendern sie, ausgestattet mit großen Plastikbechern voll Margarita, durch die Fifth Avenue, die Hauptflaniermeile der Stadt.

LIEBESLIED GEFÄLLIG?

Inbegriff mexikanischer Musik sind die *mariachi*-Kapellen aus honorig auftretenden Herren in stolzem Habitus, gekleidet in schwarze Anzüge mit gold- oder silberglänzenden Knöpfen und breiten Sombreros. Bis zu zehn Musiker spielen Bass, Gitarre, Geige, Trompete, dazu wird inbrünstig gesungen. Treten die *mariachis* in Restaurants auf, dann schuldet man ihnen eine *propina* (Trinkgeld), sofern man ein bestimmtes Lied wünscht. Bieten sie ihre Dienste auf Plätzen an, dann vereinbart man vorher eine an-

Tortugas kehren zur Eiablage an den Strand zurück, an dem sie einst selbst geschlüpft sind

Nach dem Ende des Sisalbooms wandelten sich viele Haciendas vom Landgut zum Luxushotel

gemessene Gage (ca. 7–8 US-$ pro Lied).

SCHÖNER WOHNEN

Morgens wird der Frühstückstisch unter dem mächtigen Ceibabaum gedeckt, daneben thront die jahrhundertealte, ockergelb leuchtende Hacienda mit ihren Arkaden und Freitreppen. Der Pool? Wurde bei den Stallungen angelegt; und geschlafen wird in kleinen Villen, den einstigen Unterkünften der Bediensteten. Auch wenn es sie überall in Mexiko gibt, sind die zu Hotels umgebauten Haciendas von Yucatán doch die schönsten. Das kommt daher, dass hier kolonialer Stil auf tropische Atmosphäre trifft. Und trotz sorgfältiger Restaurierung verleugnen Yucatáns Haciendas ihr Alter nicht, die leichten Verfallsspuren sind gerade das Tüpfelchen auf dem i, die Vollendung des Gesamtkunstwerks. Egal ob groß oder klein, teuer oder günstig: Hier zu übernachten ist eine Zeitreise, deren Erleben nach Fortsetzung ruft. Zum Glück schöpfst du in Yucatán in dieser Hinsicht aus dem Vollen. Besonders groß ist die Auswahl in der Gegend um Mérida und im Bundesstaat Campeche, wo Ende des 19. Jhs. um die 700 Sisalhaciendas in Betrieb waren. Einige besondere Perlen davon findest du auf *thehaciendas.com.*

DIE ENTDECKUNG DER NULL

Die Mayakultur entwickelte sich vor über 3000 Jahren und ist damit eine der ältesten Kulturen der Erde. Die Mayas waren die Erbauer der gewaltigen Pyramiden- und Tempelstätten in

Yucatán, siedelten in riesigen Stadtstaaten in Mexikos Süden wie in den angrenzenden Regionen, heute Guatemala, Belize und Honduras. Die frühen Mayas waren leidenschaftliche Astronomen, die den Lauf der Himmelskörper berechneten und Tabellen über Sonnenfinsternisse anlegten. In der Mathematik führten sie die Zahl Null ein, von ihnen mit einer Muschel gekennzeichnet. Dann verschwanden sie, der Dschungel überwucherte ihre Bauwerke. Und heute? Heute begegnest du ihren Nachfahren überall, denn Yucatán ist Mayaland, Siedlungsschwerpunkt der rund vier Millionen Mayas in Mexiko. Sie leben in kleinen Dörfern, sprechen zusätzlich zum Spanisch ihre eigene Sprache, das Mayathan. Ihr Leben ist weniger materialistisch und auf Konkurrenz ausgerichtet, Mayas gelten als sanfter und bei Krankheit wird nach wie vor der Dorfschamane aufgesucht. In Mérida schuf die Regierung ein großartiges Museum, das *Gran Museo del Mundo Maya,* das neben den alten auch den heutigen Mayas gewidmet ist. Es ist nicht nur für Besucher sehenswert, sondern auch für die Einheimischen: Sie können hier lernen, dass es keine Beleidigung ist, als *indígena*, als Indianer, bezeichnet zu werden – eher eine Auszeichnung.

GEWALT IM PARADIES

Sie erschüttern und verunsichern Besucher: wiederholte Nachrichten über Anschläge und Gewalttaten der Drogenkartelle, die in Mexiko bereits Zigtausende das Leben kosteten. Zumeist handelt es sich bei den Opfern um die

KLISCHEE KISTE

BANDIDOS MEXICANOS

„Her mit der Kohle, sonst knallts!" Yucatán ist gefährlich? Hartnäckig hält sich das Bild, dessen Staffage schon Kinder kennen: ein großer Sombrero, bunt gestreifter Poncho, ein schwarzer Schnauzbart und zwei Pistolen in der Hand – fertig ist der mexikanische Bandit, im Comic wie beim Fasching. Mexikos berühmtester war Pancho Villa, Draufgänger und Held der Revolution. In Yucatán gilt er als eine Art Robin Hood. Ganz anders drauf sind die heutigen Drogenbanden in Mexikos Norden. Aber keine Sorge: *Todo bien en Yucatán!* Wer an der mexikanischen Karibikküste unterwegs ist, kann die kugelsichere Weste zugunsten von Badesachen und Sonnencreme zu Hause lassen. Gefährlich werden dir eher zu viel Sonne und das dritte Glas Tequila!

FEURIGE SEÑORITAS

Sie haben Temperament, sind bildschön und stets einem Flirt zugeneigt? Fehlanzeige! Statt Leichtlebigkeit sind es eher folgende Eigenschaften, die die moderne Mexikanerin jenseits von Hollywood kennzeichnen: ein großes Herz und hundert Prozent Verlässlichkeit als Ehefrau und Mutter wie im Berufsleben, sei es als Tacoverkäuferin oder Hotelmanagerin. Also: Hut ab, *muchachas!*

Mitglieder verfeindeter Drogenkartelle, Zivilisten sind bisher kaum darunter. Auch nach vielen Jahren ist es dem Land nicht gelungen, diesen Drogenkrieg beizulegen. Das Problem wurde verschärft durch die Zerschlagung kolumbianischer Drogenkartelle. Damit wuchs die Macht mexikanischer Drogenbosse, die mit immer größerer Brutalität begannen, ihren Einflussbereich auszudehnen. Neben bewaffneten Drogenbanden gilt besonders die Beteiligung von Polizisten und Politikern an den Kartellen als Problem. Seitdem es wiederholt auch an Mexikos Karibikküste zu Morden und anderen schweren Verbrechen kam, muss man als Reisender darauf reagieren und erhöhte Vorsicht walten lassen. So sollte man auf Nachtfahrten mit öffentlichen Bussen verzichten und nur mit offiziellen Taxis unterwegs sein.

ACTION AN DER LAGUNE

Die Halbinsel Yucatán ist eine Region der „Ökopark" genannten Freizeit-, Themen- und Naturerlebnisparks – bald jedes Jahr entsteht ein neuer und werden die Eintrittspreise beträchtlich angehoben. Qualität und Ausstattung schwanken erheblich und die Eintrittspreise sind mit teilweise über 100 US-$ viel zu hoch. In der Regel sind es rein kommerzielle Einrichtungen, die das Label „Öko" nur tragen, um Besucher anzuziehen. Im Trend liegen zunehmend Action und Thrill: *ziplines* genannte Stahlseile, an denen man durch die Baumkronen rauscht, und Amphibienfahrzeuge, die durch Lagunen und Dschungel fahren.

TOTENSCHÄDEL AUS ZUCKERGUSS

In den Geschäften von Playa del Carmen sind sie allgegenwärtig: Skelette aus Pappmaché, mal über 2 m groß, mal in Miniaturformat, und aus Zuckerguss geformte und mit Liebesperlen dekorierte Totenschädel. In kleinen Glaskästen werden Gruppen von tanzenden und lachenden Skeletten zum Kauf angeboten, gekleidet in *mariachi*-Trachten, Skelette, die sich als Braut und Bräutigam an den Händen fassen, eine Skelettmutter, die liebevoll ihr Skelettbaby in der Wiege schaukelt, ganze Schulklassen aus Skeletten gar, die artig zum Skelettlehrer schauen. Das Ganze ist weit mehr als nur Touristenkitsch. Tatsächlich sind die Figuren Ausdruck einer in ganz Mexiko verbreiteten Einstellung zum Tod. Diese beschreibt der Literaturnobelpreisträger Octavio Paz in seinem Essay „Das Labyrinth der Einsamkeit" folgendermaßen: „Der Tod ist immer bei uns: auf unseren Fiestas, beim Glücksspiel, in unserem Liebesleben … Der Kult des Todes ist, wenn er tiefgründig und vollkommen ist, auch ein Kult des Lebens." Gerade Mitteleuropäer, die einer den Tod aus dem Bewusstsein verdrängenden Kultur entstammen, fühlen sich mitunter seltsam berührt angesichts dieser mexikanischen Haltung.

SCHWINDELFREI?

Vor den großen archäologischen Stätten wird oft ein artistisch anmutendes Schauspiel vorgeführt, das auf präkolumbische Traditionen zurückgeht: die *danza de los voladores.* Auf der

Spitze eines 10 bis 30 m hohen Pfahls ist ein quadratischer Holzrahmen befestigt. Unterhalb dieser kleinen, drehbaren Plattform sind vier lange Seile um den Mast gewickelt. Fünf *indígenas,* gekleidet in phantasievolle Kostüme, klettern geschickt nach oben. Vier der Männer setzen sich an die Seiten der Plattform und binden sich ein Seilende um die Hüfte. Der Fünfte thront in der Mitte, spielt Flöte und tanzt dazu. Auf ein Kommando lassen sich die vier *voladores* kopfüber vom Rahmen fallen, der sich zu drehen beginnt. Die „Flieger" schweben mit dem Kopf voran und ausgebreiteten Armen zu Boden. Dabei drehen sie sich um den Mast, von dem sich die Seile abwickeln. Sie machen 13 Umdrehungen und wenden sich kurz vor dem Auftreffen auf dem Boden, um auf den Füßen zu landen. Die Vorführung hat eine symbolische Bedeutung: Vier *voladores* mal 13 Umdrehungen ergibt 52 – eine magische Zahl des Mayakalenders. Während der Vorstellung wird von den Zuschauern Geld eingesammelt.

13 Umdrehungen, vier *voladores,* ein Seil: Zahlensymbolik der Mayas

IN DIE TIEFE

Es begann mit einem Urlaub in Yucatán. Da war Robert Schmittner noch Forstwirt und nahm an einem Tauchkurs teil. Der Beginn einer Leidenschaft fürs Höhlentauchen, für die der Augsburger sein Leben änderte und zum Forscher wurde. 2018 dann die Sensation: Expeditionsleiter Schmittner stieg bei Tulum – da, wo Touristen gerne in der kristallklaren Karibik schnorcheln – durch einen *cenote* in die Tiefe. In diesem mit Süßwasser gefüllten Kalksteinloch, wie sie in Yucatán so häufig zu finden sind, entdeckte er die Verbindung zweier Höhlen. Ein labyrinthartiges Tunnelsystem, sagenhafte 347 km messend, gebildet von den Höhlen Sac Actun und Dos Ojos. Die längste Unterwasserhöhle der Welt! Hier liegen Hunderte Schätze aus der Mayaepoche verborgen – sozusagen eine *zona arqueológica* unter Wasser. Kein Wunder, dass das *cenote*-Tauchen in Yucatán bei abenteuerlustigen Besuchern hoch im Kurs steht.

ESSEN SHOPPEN SPORT

Wie wär's mit einem freundlichen Keramik-Totenkopf für die Anrichte zu Hause?

CANCUN
CANCUN

ESSEN & TRINKEN

Zur Küche Yucatáns gehört natürlich, wie überall in Mexiko, der Mais – in allen Variationen. Allerdings sind Tacos und Tortillas längst nicht alles. Ohne eisgekühlte Margaritas und karibisch inspirierte Meeresfrüchte geht hier wenig. Absolut im Trend liegen aber auch vegane Küche und reichlich Gemüse.

MEXIKANISCHES SUSHI

Yucatán ist umgeben von Meer – kein Wunder, dass Fisch und Meerestiere seit jeher eine große Rolle spielen. Eine echte Delikatesse ist das eigentlich aus Peru stammende *ceviche,* rohe, in Limettensaft, Koriander und Zwiebeln marinierte Fischstückchen bzw. Krabben und Tintenfisch. Die mexikanische Variante der Paella ist Reis mit Meeresfrüchten *(arroz con mariscos).* Oft angeboten wird *huachinango* (Red Snapper). Der Fisch mit dem milden Aroma wird gegrillt, gebraten und gedünstet serviert. Eine verbreitete Form der Zubereitung ist auch das Garen in Alufolie oder einer Papierhülle *(empapelado).*

Die Bezeichnung *a la mexicana* bedeutet, dass etwas mit Zwiebeln, Tomaten und Chilis zubereitet wird. Gehaltvolle, oft feurige *salsas* aus Avocado, Tomaten und Chilis bereichern fast jedes Gericht. Typisch für das Land sind auch die köstlichen Eintöpfe, *pozoles* genannt, meist mit Schweinefleisch, Chilis und kleinen, würzigen Tomaten. In Yucatán kreiert wurde die köstliche, exotisch duftende Limettensuppe *sopa de lima,* mit Hühnerfleisch gekocht und mit Avocados, Zwiebeln, klein geschnittenem Gemüse und frittierten Tortillastückchen serviert.

STREETFOOD TRADITIONELL

Wer die mexikanischen Märkte besucht, die es in jedem größeren Ort

Das relaxt: Kokosdrink am Karibikstrand (re.)

gibt, ist stets fasziniert vom gewaltigen Angebot, farbenfroh und kunstvoll arrangiert. Die Stände sind beladen mit saftigen Mangos und knackigen Salaten, es gibt frische und getrocknete Gewürze und Saucen, die so scharf riechen, dass sie dir die Tränen in die Augen treiben. Typisch sind auch die vielen Streetfood-Stände. An einfachen Holzbuden, liebevoll und karibisch dekoriert, zaubern Mexikanerinnen die gesamte Palette typischer mexikanischer Gerichte. Man isst im Stehen oder nimmt Platz auf den bereitstehenden Hockern – Fast Food einmal anders.

TORTILLAS IN UNZÄHLIGEN VARIANTEN

Basis sind Tortillas, dünne Maispfannkuchen, in die man Fleisch, Salat, Zwiebeln und *salsa* wickelt – fertig ist der Taco! Gern werden auch Bohnen als Füllung verwendet ebenso wie klein geraspelter, milder Käse – dann heißt das Ganze *enchilada*. Mit überbackenem Käse werden daraus *enchiladas suizas*. Gefüllt und gebraten, heißen die Tortillas *quesadillas*, während *flautas* gerollte und frittierte, mit Fleisch und Bohnen gefüllte Tortillas sind. Wenn du kein Fleisch isst, nimm *chilaquiles*, auflaufartige Tortillastückchen mit Käse und *salsa*, oder Käsetacos. Superlecker sind auch *elotes*, gegrillte Maiskolben, die man dir an einem Holzstecken in die Hand gibt.

INSIDER-TIPP
No como carne

FRUCHTALARM UND HONIGSÜSSES

Seit jeher rundet Obst in Yucatán ein Essen ab. Neben Ananas, Mangos und Orangen überzieht man auch Kürbis und Kaktusfeigen mit Honig. Du bist in Mérida unterwegs? Dann halte Ausschau nach der hier servierten *torta imperial,* die aus gemahlenen Mandeln und Eigelb, reichlich Vanille und Zimt besteht. In den Restaurants kannst du überall auch Karamellpudding *(flan)* bestellen, ebenso wie Crème brûlée, karamellisierte Sahnecreme. Und ein Milchreis *(arroz con leche),* den es in Yucatán immer mit viel Zimt gibt, schmeckt nicht nur Kindern.

ZÜNFTIGES FRÜHSTÜCK

Der Tag beginnt mit einem handfesten *desayuno:* mit Eiern, Speck, *frijoles* (gebratenem Bohnenmus) und Käse. Typisch und auf allen Speisekarten verzeichnet sind *huevos rancheros* (Spiegeleier auf Tortillas mit Chilisauce und Bohnenbrei) und *huevos a la mexicana* (Rühreier mit Tomate und Chili). Soll es schnell gehen, nimmt man nur einen Kaffee mit süßem Brötchen, dem *pan dulce.* Mexikaner lieben ein ausgiebiges Mittagessen *(comida),* das ab 13 Uhr serviert wird und gern aus mehreren Gängen besteht. Wenn man dazu noch den Tischwein ordert, ist klar, dass die anschließende Siesta Pflicht ist! Dementsprechend spät trifft man sich zur *cena,* dem Abendessen.

¡SALUD!

Mexikaner lieben Coca-Cola und jedes andere Erfrischungsgetränk *(refresco)* – Hauptsache, es enthält genügend Zucker. Viel gesünder sind da natürlich die frisch gepressten Obst- und Gemüsesäfte, die es nicht nur in Hotels und Restaurants, sondern für wenige Pesos auch am Straßenrand und in speziellen Saftbars zu kaufen gibt. *Agua fresca* heißen diese Obstsäfte, wenn sie mit Trinkwasser versetzt sind. Köstlich schmecken die aus den Früchten des Tamarindenbaums zubereitete *agua de tamarindo* und *agua de Jamaica* aus roten Hibiskusblüten – greif zu, wenn du die entdeckst! In Mexiko gibt es Hunderte von Mineralquellen, deren Wasser in Flaschen überall im Land für wenige Pesos erhältlich ist. Lass dir daher in Restaurants nicht ungefragt teures Mineralwasser aus Italien oder Frankreich vorsetzen!

INSIDER-TIPP
Nicht abzocken lassen

Kaffee serviert man Touristen gern nach US-amerikanischer Art, also sehr dünn. Ganz nach europäischem Geschmack hingegen ist der *café de olla.* Dieser Kaffee, wie ihn auch die Mexikaner schätzen, wird im Tontopf mit Zimt und Nelken aufgekocht, manchmal fügt man noch braunen Zucker und Orangenschale hinzu. Kakaobohnen kannten schon die alten Mayas – nichts liegt also näher, als dir im Ursprungsland der Schokolade einen heißen Kakao servieren zu lassen. Köstlich, auch weil man hier noch eine Prise Zimt und Kardamom dazugibt!

DIE BUNTE WELT DER COCKTAILS

In Yucatán kennt man eine ganze Reihe exotischer Cocktails, meist auf der Basis von Tequila oder Rum. Klassiker sind die Margarita (Limettensaft mit Tequila, Orangenlikör und zerstoßenem Eis) und die sahnig-fruchtige Piña colada (Ananassaft, ungesüßte Creme von Kokosnüssen und brauner Rum mit gestoßenem Eis).

Unsere Empfehlung heute

Vorspeisen

ANTOJITOS
Kleine Kostproben aus der Küche

CEVICHE
In Limettensaft marinierte, mit Koriander und Chili gewürzte rohe Stücke von Fisch und Meeresfrüchten

GUACAMOLE
Pürierte Avocados, angemacht mit Chili, Limettensaft und Tomaten

SOPA NEGRA
Schwarze Bohnensuppe mit Gemüse und Ei

Hauptgerichte

CAMARONES A LA PARRILLA
Langusten vom Grill

CARNE ASADA
Dünne, gebratene Rindfleischscheiben

COCHINITA PIBIL
In Bananenblättern gegartes Schweinefleisch

FRIJOLES REFRITOS
Gebratener Brei aus schwarzen und roten Bohnen

FRIJOLES MOLIDOS
Püree aus schwarzen und roten Bohnen mit Zwiebeln und Paprika

PAPADZULES
yucatekische Tortillas mit hart gekochtem Ei, Kürbiskernen und Tomatensauce

PAN DE CAZÓN
geschichtete Tortillas mit gehacktem Hundshai, *frijoles refritos* und Tomatensauce

PESCADO AHUMADO
geräucherter Fisch

PLÁTANOS FRITOS
gebratene Kochbananen

POC CHUC
Gegrilltes, in Orange mariniertes Schweinefleisch

POLLO PIBIL
Mariniertes Hühnerfleisch, im Bananenblatt gebacken

RELLENO NEGRO
Truthahn, Hackfleisch und Eier in schwarzer Chilisauce

TIKINXIC
Ganzer marinierter Fisch, gegart in Bananenblättern

SHOPPEN & STÖBERN

Das mexikanische Kunsthandwerk gehört zu den vielfältigsten der Welt. Einen guten ersten Überblick über das Kunstschaffen des Landes erhält man in den Volkskunstmuseen *(museos de arte popular).* In Mérida beispielsweise informiert ein Volkskunstmuseum detailreich über die Kunsthandwerksproduktion.

INSPIRIERT VON FRIDA

Indianische Webarbeiten, kunstvoll bestickte Blusen, bunt gemusterte Jacken, Westen und Tücher gibt es in großer Auswahl in den Shops der Badeorte, bei Straßenhändlern und auf den Märkten. Typisch Yucatán sind die weißen, am Ausschnitt mit Blumen und geometrischen Mustern bestickten Blusen, die hier nach wie vor zur traditionellen Tracht gehören, jedoch längst zur internationalen Ethnomode aufgerückt sind. Schön sind auch die in bunten Baumwollstoffen gearbeiteten und üppig bestickten Kleider. Panamahüte kaufst du in Yucatán für wenig Geld; sie werden u. a. in einem kleinen Dorf nahe Campeche gefertigt und sind bereits für etwa 10 Euro zu haben.

INSIDER-TIPP
Oh, wie schön ist Panama

EIN DOPPELBETT FÜRS HANDGEPÄCK

Die *hamaca,* eine Hängematte, wird traditionell aus Sisalfasern, heute auch aus Seide (am teuersten), Baumwolle oder Nylon (am billigsten) gefertigt. Ihre Qualität ergibt sich aus der Dichte der Knoten und damit der Enge der Maschen. Auch bei der Größe muss man aufpassen: Im Vergleich zu Mexikanerinnen und Mexikanern eher groß gewachsene Europäer nehmen lieber die Ausführung *matrimonial,* mit anderen Worten: das Doppelbett.

Filigranarbeit: Für Silberschmuck braucht es ein scharfes Auge und eine ruhige Hand (re.)

ECHT SILBER – ¡CLARO!

Yucatán ist ein Topziel für den Kauf von Silberschmuck. Die in kleinen Silberwerkstätten im Land hergestellten Ketten, Ringe, Armbänder und Ohrringe aus 925er Sterlingsilber sind meist reine Handarbeit und haben dazu ein individuelles, künstlerisch anspruchsvolles Design. Gern werden zum Silberschmuck auch Halbedelsteine und Natursteinperlen kombiniert.

SCHÖNHEIT AUS DEM REGENWALD

Im Trend sind Cremes und Öle kleiner Manufakturen, hergestellt aus Aloe vera, Blütenessenzen und Kräutern des Regenwalds. In Playa del Carmen wie in Tulum gibt es in kleinen Shops u. a. auch Sonnencreme zu kaufen, die biologisch abbaubar ist, ebenso wie Gesichts- und Körperpackungen, die du anwendest, wenn du einmal zu viel Sonne abbekommen hast. Etwas Besonderes sind die aus Frangipani, Kokosnuss und Neroli bestehenden Parfums und Duftwässerchen von Coqui Coqui *(coquicoqui.com)*, kreiert vom früheren Burberry-Model Nicolas Melville, die du in Boutiquen findest sowie in den Shops der Coqui-Coqui-Hotels in Cobá, Tulum und Valladolid.

KITSCH ODER KUNST?

Maria und Josef unter einem blühenden Baum, umgeben von zwitschernden Vögeln, Engeln und Paradiesblumen: Die halbrunden, aus Ton gearbeiteten Lebensbäume *(árboles de la vida)* sind besonders prächtige Vertreter des mexikanischen Kunsthandwerks. Neben Szenen aus der Bibel werden solche aus mexikanischen Legenden wiedergegeben. Die teilweise beträchtlichen Preise (von 50 bis 2500 Euro) sind abhängig vom Detailreichtum, der Größe sowie vom Bekanntheitsgrad des Künstlers.

SPORT

Korallenriff oder Unterwasserhöhle? Für Schnorchler und Taucher bietet Yucatán aufregende Momente. Es locken aber auch Yogastunden am Strand, Windsurfen oder Stand-up-Paddling. Mit seinen hellen Puderzuckerstränden an der Karibikseite und dem glasklaren, türkis schimmernden Wasser ist die Halbinsel ein echtes Traumziel für alle Wassersportler. Doch auch an Land gibt es viel Gelegenheit zu sportlicher Betätigung.

SCHNORCHELN

Flossen und Taucherbrille gehören ins Gepäck! Besonders entlang der Riviera Maya gibt es unzählige Möglichkeiten abzutauchen. Gut eignen sich auch der *Parque Natural Garrafón (garrafon.com)* auf der Isla Mujeres, da die Korallen hier nah am Ufer liegen, und der Schnorchel- und Erlebnispark *Xel-Há* an der Riviera Maya *(xelha.com)*.

TAUCHEN

Ganzjährig 26 Grad warmes Wasser und eine üppige tropische Unterwasserwelt machen Yucatán zur Topdestination für Taucher. Die Unterwasserflora und -fauna gehören zu den vielseitigsten der Welt und die vor den Küsten liegenden Korallenriffe sind weitere Pluspunkte. So zieht sich das zweitlängste Korallenriff der Welt über mehr als 1000 km von der Isla Contoy an der Isla Mujeres und Cozumel vorbei und verläuft an der mexikanischen Karibikküste entlang bis Honduras. Mit seinen Höhlen, Steilwänden, Tunneln, Gräben, Überhängen und Atollen ist das Riff, das sich aus unterschiedlichen Einzelriffen zusammensetzt, Heimat von ungezählten tropischen Fischen und seltenen Korallenarten.

Legendär ist das Korallenriff vor Cozumel. Die Insel, deren Tauchgründe schon Jacques Cousteau bekannt

So was gibt es nur in Yucatán: Tauchen in Dolinen, hier im *cenote* in Tulum

machte, ist umgeben vom Palancar-Riff – ein Taucherparadies wie aus dem karibischen Bilderbuch. Die Sichtweite schwankt wegen des hohen Planktonanteils, der den üppigen Wuchs der weichen Korallen und die Vermehrung der Fische fördert, zwischen 20 und 30 m. Abenteuerlich veranlagte Naturen machen sich beim Tauchen auf die Suche nach den unzähligen Schiffswracks, die vor der Küste liegen.

Tauchschulen gibt es in allen Badeorten und einige größere Hotels unterhalten eigene Tauchbasen. Mitunter bieten sie kostenlosen Schnupperunterricht an: das Erlernen grundlegender Fertigkeiten im Hotelpool.

Ein weniger bekanntes und daher nie überlaufenes Tauchrevier ist Chinchorro an der Grenze zu Belize, ein 46 × 15 km großes Korallenriffsystem mit einer inneren Lagune, die drei kleine Inseln mit Schildkröten, Leguanen, Eidechsen und Wasservögeln umfasst; auch Wracktauchen ist hier möglich.

HÖHLEN- & GROTTENTAUCHEN

Die *cenotes* sind sogenannte Dolinen (Einbrüche) in der yucatekischen Kalksteindecke, die Zugang zu gefluteten Höhlen, Grotten, Gängen und unterirdischen Flüssen erlauben. Hunderte dieser Dolinen, davon 100 zugänglich, verbinden mehr als 50 Höhlensysteme miteinander – mit insgesamt 400 km Tauchpassagen. Das Tauchen ohne Tageslicht ist erfahrenen Sportlern vorbehalten. Während im Eingangsbereich noch mit jedem gängigen Zertifikat getaucht werden kann, sind Höhlentauchgänge *(cavern dive)* nur mit Spezialausbildung möglich. Außerdem empfiehlt es sich, immer mit professionellen Guides und stets entlang der Führungslinie zu tauchen.

Die beliebtesten Tauchhöhlen sind *Gran Cenote* (5 km westlich von Tulum Richtung Cobá), *Casa Cenote* (10 km nördlich von Tulum Richtung Akumal) und *Dos Ojos* an der MEX 307 bei Akumal. In Cancún, Playa del Carmen, Akumal und Tulum gibt es PADI-zertifizierte Tauchshops, schon aus Sicherheitsgründen die beste Wahl.

WINDSURFEN & SEGELN

Beide Wassersportarten sind rund um die Halbinsel Yucatán en vogue – und das aus gutem Grund: Sowohl auf der Karibikseite an der Riviera Maya als auch am Golf von Mexiko bläst eine beständige Brise. Hast du kein eigenes Board dabei, kannst du dir in den meisten Strandhotels (ab der Viersternekategorie) eins leihen.

KITESURFEN

Das *Kitebaording Center (Calle Asteroide/Calle Beta Sur | Tel. 01984 1005878 | prokitetulum.com)* in Tulum bietet Unterricht für Anfänger und Fastprofis an und verleiht am Ende ein IKO-Zertifikat.

STAND-UP-PADDLING

INSIDER-TIPP
SUP mit sieben Farben

Bei Sonnenaufgang auf der *Laguna de Bacalar* unterwegs, der „Laguna de Siete Colores": eine tolle Mischung aus Sport und Naturerleben! Das Gleiten übers Meer mit dem SUP-Board macht auch an der Riviera Maya Spaß – wenn die Karibische See einigermaßen ruhig ist. Die Strandhotels halten Ausrüstung bereit. Oder du fährst nach Playa del Carmen: Der *Aloha Paddle Club (Fusion Beach Hotel & Bar | Calle 6 Norte | Tel. 01984 1641971 | alohapaddleclub.com)* verleiht Boards und hat gute Angebote, z. B. für eine Sunrise-Session oder eine Kombination aus Yoga und SUP in einem *cenote*.

GOLF

Wenn du nur einen Platz spielen willst: Der ans Fairmont-Mayakoba-Hotel angeschlossene *El Camaleón (mayakobagolf.com)* 11 km nördlich von Playa del Carmen ist Austragungsort des Mayakoba Golf Classic im Rahmen der PGA Tour in Lateinamerika. Der von Greg Norman entworfene, legendäre Kurs zwischen Mangroven, Karibik und natürlichen Kanälen (18 Loch, Par 72) ist wunderschön, toll eingewachsen und sogar für Anfänger (ab Handicap 54) spielbar.

INSIDER-TIPP
Früher Vogel schlägt den Ball

Lass dir unbedingt die frühesten Abschlagszeiten gleich bei Sonnenaufgang reservieren!

REITEN

Am Strand oder durch den Dschungel – die im Western Style mit bequemen Sätteln gerittenen Pferde haben eine Engelsgeduld; sie stehen zum Beispiel am Nordstrand von Playa del Carmen. Eine zuverlässige Adresse mit gepflegten Pferden ist *Rancho Bonanza (Ctra. Cancún–Tulum km 45 | Tel. 01998 2 14 90 38 | ranchobonanzacancun.com)* zwischen Playa del Carmen und Puerto Morelos.

YOGA

Vergiss die oftmals drögen Yogastunden im Studio! In Yucatán und besonders entlang der Riviera Maya machst du deinen Sonnengruß und den nach unten schauenden Hund im Freien, häufig unter einem gewaltigen *palapa*-Dach aus getrockneten Palmzweigen. Da hört man die Geräusche der Umgebung und der Körper kommt ordentlich ins Schwitzen.

Gute Lehrer findest du in den privaten Yogastudios in Playa del Carmen, Tulum, auf der Isla Mujeres, auf Cozumel und auf der Isla Holbox. Backpacker lieben auch die kleinen *Ashtangamor-Studios (ashtangamor.com)* an der Laguna de Bacalar. Die in den Hotels angebotenen Yogastunden sind leider häufig nicht sonderlich gut. Intensiv und recht kostspielig sind die mehrtägigen bis -wöchigen Yogaretreats, die du bereits von zu Hause buchen kannst.

Windsurfer haben die Wahl zwischen Golf von Mexiko und Karibik

DIE REGIONEN IM ÜBERBLICK

Karibische Traumstrände und Partys unterm Sternenhimmel
Progreso
MÉRIDA & DER NORDEN S. 66
MÉRIDA
Cancún
Valladolid
Isla de Cozumel
CANCÚN & RIVIERA MAYA S. 40
Felipe Carrillo Puerto
Bahía del Espíritu Santo
Bahía de San José
Chetumal
Río Hondo
BELIZE
Bahía Chetumal
MAR CARIBE
50 km
31.08 mi

CANCÚN & RIVERA MAYA

URLAUB VOM FEINSTEN AM KARIBIKSTRAND

Palmen und schneeweiße Strände vor azurblauem Meer: Die Riviera Maya, die sich von Cancún über 135 km südwärts bis Tulum erstreckt, steht für die Erfüllung von Karibikträumen. Das Schöne dabei: Hier, an der Ostküste der yucatekischen Halbinsel, kann jeder finden, was er sucht.

Während Cancún für durchorganisierte All-inclusive-Resorts steht, hat sich Playa del Carmen als Partyhochburg etabliert, mit unzähligen tollen Adressen nicht nur zum Essen und Ausgehen, sondern

Mayapyramiden und Karibikstrand: An einem Fleck gibts diese Mischung nur in Tulum

auch zum Übernachten in palmblattgedeckten *palapa*-Hotels direkt am karibischen Traumstrand.

Tulum mit einer legendären Mayapyramide auf den Karibikklippen steht für coolen Boho-Chic, während du in Puerto Morelos noch immer den rauen Charme eines traditionellen Fischerdorfs spürst und in Akumal Meeresschildkröten erspähst. Und nirgendwo gibt es unter Wasser mehr zu entdecken als bei den Korallenriffen rund um die Insel Cozumel.

CANCÚN & RIVIERA MAYA

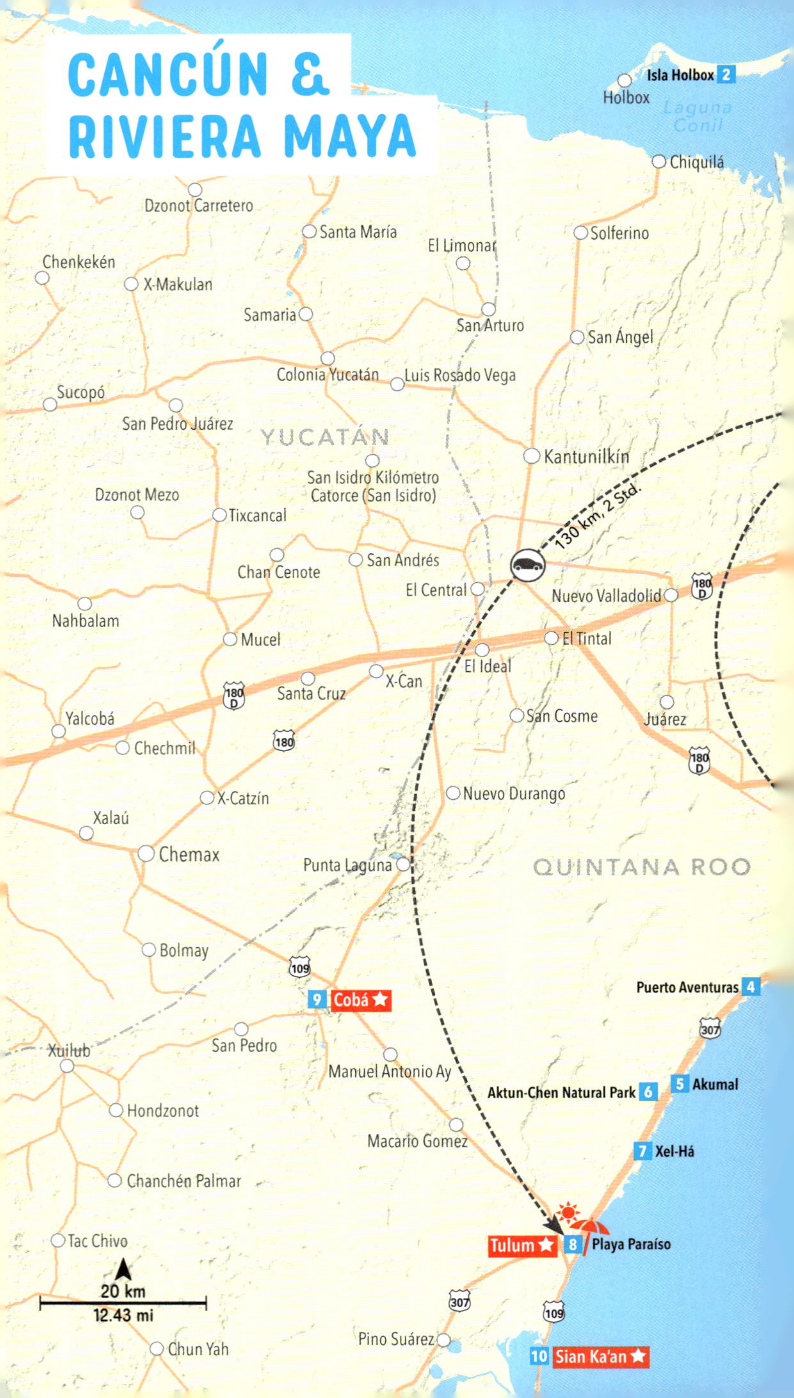

MARCO POLO HIGHLIGHTS

★ **MUSEO MAYA DE CANCÚN**
Kulturoase zwischen Luxushotels
➤ S. 44

★ **PLAYA DEL CARMEN**
Feiern, shoppen und ab an den Strand
➤ S. 53

★ **ARRECIFE PALANCAR**
Das Riff ist Cozumels Paradies für Taucher ➤ S. 63

★ **ISLA MUJERES**
Entspanntes Urlaubsvergnügen ohne Trubel ➤ S. 50

★ **COBÁ**
Gewaltige Pyramiden im Urwald – eine darf sogar bestiegen werden! ➤ S. 59

★ **MUSEO SUBACUÁTICO DE ARTE (MUSA)**
Tauchen vor Cancún zwischen modernen Skulpturen ➤ S. 46

★ **XCARET**
Der größte der yucatekischen Freizeitparks gefällt Groß und Klein ➤ S. 55

★ **SIAN KA'AN**
Dschungel und Mangrovensümpfe, Ruinen und Traumstrände, Jaguare, Seekühe und Krokodile – im Reservat der Vielfalt ➤ S. 60

★ **TULUM**
Unter der Pyramide am Karibikstrand: eiskalte Margaritas und Clubs für Luxusaussteiger ➤ S. 58

CANCÚN

(📖 T2) **Über 5 Mio. Besucher pro Jahr, die das einstige Fischerdorf besuchen, können nicht irren? Tatsächlich: Wer Luxus, Action und breite Karibikstrände liebt, ist genau richtig in Cancún (1 Mio. Ew.), dem Eingangstor für Yucatán.**

Mit der Eröffnung des internationalen Flughafens begann für das als Gegenstück zu Acapulco in den 1970er-Jahren von einem mexikanischen Architekten entworfene, bis dato unbedeutende Karibiknest die schnelle Entwicklung. Aus dem ganzen Land kommen die Menschen hierher in der Hoffnung, auch ein wenig vom großen Kuchen des Tourismus zu erhalten.

Ziel der Besucher, zum großen Teil US-Amerikaner und Kanadier, ist die knapp 25 km lange und nur 400 m breite, L-förmige Sandbank zwischen Karibik und der Lagune Nichupté, die sogenannte *Zona Hotelera*. Hier erstrecken sich die schönsten Strände, reihen sich die Hotels und Resorts aneinander.

Gleich daneben liegt die Vergnügungsmeile mit Shopping-Malls, Restaurants und Clubs, alles sehr schick und edel gestylt. Auf dem *Paseo Kukulcán* joggst du unter Palmen, üppig blühen Jasmin und Bougainvillea am Straßenrand. Shuttlebusse verkehren entlang der Strecke zwischen der Punta-Nizuc-Brücke, die die Hotelzone im Süden mit dem Festland verbindet, und der Playa-Linda-Brücke zur Innenstadt im Norden.

Mexikanische Fiestaatmosphäre macht sich breit in *Downtown,* wie das Zentrum von Cancún genannt wird: Souvenirbuden, Freiluftrestaurants und Basare reihen sich dicht aneinander, zum Teil etwas heruntergekommen und um einiges billiger als in der Hotelzone.

Ostern kommen die Collegestudenten aus den USA, um ihren *spring break* zu feiern. Während der Sommermonate fallen die Preise um bis zur Hälfte; dann werden die Hotels von mexikanischen Familien erobert.

WOHIN ZUERST?

Terminal de Autobuses: Im Zentrum *(Downtown)* an der Kreuzung der Avenidas Uxmal und Tulum hält der Bus. Wer zur Isla Mujeres will, nimmt den Stadtbus nach Puerto Juárez zur Fähre. Die Strandhotels erreichst du mit dem Bus „Hoteles". In der Hotelzone gibts überall Parkplätze, im Zentrum liegen kleine, private Parkplätze *(estacionamiento).*

SIGHTSEEING

MUSEO MAYA DE CANCÚN ★

Wer keine Rundreise plant und auch sonst keine Mayastätten besucht, kommt um das moderne, toll gestaltete Museum mit über 400 Fund- und Ausgrabungsstücken der verschiedenen Mayaepochen nicht herum. Das Vorzeigemodell ist die *mujer de las palmas,* die „Frau der Palmen", ein 10 000 Jahre altes, in einem *cenote* entdecktes Skelett. Informativ und spannend sind oft auch die Sonderausstellungen, beispielsweise in den Wintermonaten mit bunt dekorierten Totenschädeln zum *Día de los Muertos.* Einziger Wermutstropfen: Die Erläuterungen sind bislang nur in spanischer Sprache. *Di–So 9–17.30 Uhr | Paseo Kukulcán km 16,5 | inah.gob.mx | 2 Std.*

RUINAS EL REY

Ein Leguan bewacht die kleine, aber sehenswerte Tempelanlage inmitten der Hotelzone. Insgesamt 47 Gebäude gibt es zu entdecken, einige Ruinen sind bereits zwischen 300 v. Chr. und 100 n. Chr. entstanden, der Hauptteil allerdings im 13. bis 16. Jh. „Der König" wurde diese ehemalige Zeremonialstätte der Mayas nach einer hier entdeckten stuckierten Steinfigur mit menschlichem Gesicht genannt. Aus dem Kopfschmuck schloss man auf eine hochgestellte Persönlichkeit.

El Rey besteht aus zwei *plazas,* umstanden von Gebäuden und kleineren Tempeln. Auf dem L-förmigen Gebäude Nr. I führt von der Plattform eine Treppe zu einem Tempel mit zwei Kammern, deren Säulenreihen einst ein Flachdach trugen. Die 6 m hohe Pyramide Nr. II trägt die Restmauern eines Tempels. Zwei kleinere Altäre liegen auf der dritten Ebene. *Tgl. 8–17 Uhr | Paseo Kukulcán km 19 | 1½ Std.*

ESSEN & TRINKEN

Die großen Hotels besitzen gewöhnlich mehrere Restaurants und Cafés, die auch Nichthotelgästen offenstehen.

Einblicke in eine fremde Welt: Museo Maya

LA HABICHUELA

Verlässliche Qualität: Seit Jahrzehnten bietet dieses vielfach ausgezeichnete Restaurant nun schon karibische und yucatekische Spezialitäten. Gespeist wird wahlweise im kühlen Innenraum oder im malerischen Gartenpatio. *Margaritas 25 (am Parque Las Palapas, Downtown) | Tel. 01998 8 84 31 58 | lahabichuela.com | €€€*

ALTAMAR
Mariachis unterhalten die Gäste, während Paella mit Meeresfrüchten und andere spanische Gerichte serviert werden. Köstliche Cocktails und Fruchtsäfte. *Calle Tulipanes 29 (Downtown) | Tel. 01998 8 84 37 62 | €€*

LOS HUARACHES DE ALCATRACES
Ein Haus der Spitzenklasse, was die Küche betrifft: regionale Spezialitäten mit Fisch, Schwein und Huhn. *Alcatraces 31 (Downtown) | Tel. 01998 8 84 39 18 | €€*

LE NATURA
Vegetarische Küche im mexikanischen Stil, frische Gerichte und Slow Food inmitten einer tropisch hergerichteten Gartenterrasse.

INSIDER-TIPP **Ceviche geht auch vegan**

Gibt es nur selten: eine vegane Variante des Klassikers Ceviche, hier mit Pilzen, Koriander und vielen Gewürzen serviert. *Paseo Kukulcán km 9,5 | Tel. 01998 2 52 67 99 | restaurantenatura.com | €–€€*

SHOPPEN
Beliebt sind Shopping-Malls, klimatisiert und mit einem Angebot, das vom T-Shirt für ein paar Dollar bis zum Designerkleid nahezu alles abdeckt. Auch nette Restaurants und Cafés findet man in den Malls, häufig in einem Foodcourt. Am Paseo Kukulcán liegen u. a. *Plaza Caracol (km 9), La Isla (km 12,5)* und *Kukulcán Plaza (km 13)*. Besonders schön ist das kleine, dorfähnliche La Isla mit vielen Modeboutiquen, die immer wieder mit Rabatten und Schnäppchen locken.

INSIDER-TIPP **Nachos danach!**

Nach dem Shopping suchst du dir eins der karibisch gestylten Restaurants mit Blick auf die Lagune.

SPORT & SPASS

ACUARIO INTERACTIVO DE CANCÚN
Fische, Korallen und Unterwasserpflanzen der Region in zum Teil sehr großen Aquarien – einige sogar zum Anfassen. *Tgl. 9–20 Uhr | Centro Comercial La Isla, Paseo Kukulcán km 12,5 | aquariumcancun.com.mx*

AQUAWORLD
Ob begleitete Tauchtouren oder ein Bootstrip: Das Team besteht aus erfahrenen Profis. Jugendliche können hier Jetskis mieten oder auf einem Aquatwister an der Küste entlangsausen. *Paseo Kukulcán km 15,2 gegenüber dem Gran Caribe Real Resort | Tel. 01998 6 89 10 13 | aquaworld.com.mx*

WET 'N' WILD CANCÚN
Der Wasserpark mit Wasserrutschen und Pools ist Teil des riesigen Freizeitparks *Ventura Park* am südlichen Ende der Hotelzone. Dazu wird Schnorcheln mit Rochen und anderen Fischen angeboten. *Tgl. 10–17 Uhr | ab 79 US-$, Kinder ab 49 US-$ | Paseo Kukulcán km 25 | wetnwildcancun.com*

MUSEO SUBACUÁTICO DE ARTE (MUSA) ★
„Zieh die Flossen an, wir wollen ins Museum!" Der britische Künstler Ja-

So ein Museum hast du bestimmt noch nie besucht: Das MUSA erkundet man im Tauchanzug

son de Caires Taylor schuf vor der Küste diesen Unterwasser-Skulpturenpark: moderne Kunst, die aus 450 bis zu 4 m hohen Fiberglasfiguren auf dem Meeresgrund besteht. Über die Jahre und zusammen mit Fauna und Flora des Meers wandeln sich die Kunstwerke, sorgen immer wieder für eine andere Stimmung und Wirkung. Die Installationen im sogenannten *Salón Manchones* (6–9 m tief) an der Südwestseite der Isla Mujeres und im *Salón Nizuc* (4 m) vor der Punta Nizuc können bei ruhiger See auch von Schnorchlern betrachtet werden, das bessere Erlebnis haben aber natürlich die Taucher. Der „Museums"-Ausflug ist buchbar in Tauchshops. *Tauchgang 65 US-$, Schnorcheltour 42 US-$ | musamexico.org, underwatersculpture.com*

STRÄNDE

PLAYA LAS PERLAS

Wer in Downtown logiert, fährt mit dem Bus zur Hotelzone und erreicht als Erstes diesen Strand.

PLAYA LINDA

An Las Perlas anschließend und von dort zu Fuß zu erreichen. Der Name „schöner Strand" ist zutreffend, Palmen spenden Schatten.

Du suchst einen entspannten Strand mit nicht so viel Gewusel: dann ab an die Playa Delfines!

PLAYA CARACOL

Ebenfalls an der Nordseite der Hotelzone, vor dem Centro de Convenciones. Hier findest du einen breiten Strand mit feinem Sand, von zahlreichen Palmen gesäumt. Dieser Abschnitt ist auch bei den Einheimischen beliebt. Kanufahrt, Bungee-Jumping und Parasailing: Jede Menge Action inmitten von Mexikanern erwartet dich hier.

INSIDER-TIPP
Yippie yeah im Dreierpack

PLAYA DELFINES

Für Ruhe Suchende, die dem Trubel entgehen wollen. Der Strand beim Hilton-Hotel *(Paseo Kukulcán km 17)* ist breit und sauber.

AUSGEHEN & FEIERN

Bars und Clubs gibt es in der Stadt an jeder Ecke, in der Hotelzone liegen sie entlang der Lagune und in den Hotels. Da die Drinks sehr teuer sind, wird es günstiger, wenn du ein *package* kaufst: Eintritt plus *unlimited drinks.* Mexikanische Kneipen mit Musik findest du vorwiegend in der Stadt.

INSIDER-TIPP
Im Paket billiger

COCO BONGO

Der Club schlechthin: Tanzflächen auf mehreren Ebenen bieten Platz für bis zu 1800 Besucher. Typisch Mexiko: die opulenten Shows mit Akrobaten und bester Livemusik. *Tgl. ab 22 Uhr | Plaza Forum by the Sea, Paseo Kukulcán km 9,5 | cocobongo.com*

RUND UM CANCÚN

1 ISLA CONTOY

35 km nördlich von Cancún/45 Min. mit dem Schiff von Cancún

Fregattvögel, Pelikane und zahlreiche andere Vögel sind die Bewohner der Insel, die unter Naturschutz steht und nur für Tagesbesuche zugelassen ist. Die über 8 km lange und an der breitesten Stelle kaum 800 m messende Isla Contoy ist ein tolles Ziel für einen Badeausflug. Die weißen Sandstrände, gerahmt von roten und schwarzen Mangroven, werden von Kokospalmen beschattet. Geschnorchelt wird vor dem Riff Ixlache vor der Insel: Hier kannst du Ausschau halten nach Meeresschildkröten und tropisch-bunten Fischschwärmen. All-inclusive-Trips werden von Cancún und der Isla Mujeres aus angeboten. *islacontoy.org* | *T1*

2 ISLA HOLBOX

60 km nordwestlich von Cancún/ 3½ Std. mit dem Bus bis Chiquilá, dann 15 Min. mit dem Motorboot

Auf der Isla Holbox entgehst du dem Trubel Cancúns, denn in Massen treten hier nur Wasservögel auf. Die weißen Strände der kleinen Insel sind naturbelassen und weitgehend menschenleer. Kinder finden hier noch die schönen Muscheln, die in Cancún immer schon die anderen aufgesammelt haben. Die 2000 Bewohner leben vom Fischfang, andere eröffneten Gästehäuser und Restaurants. Man verbringt den Tag am Strand mit Baden, Schnorcheln oder Tauchen und auch die Vogelbeobachtung lohnt sich.

Noch nie was von Walhaien gehört? Vor der Isla Holbox tummeln sich die sanften, bis zu 10 m großen Tiere, die nur Plankton fressen, besonders gern im warmen Wasser. Zwischen Juni und September bietet man Bootstouren an: Den friedlichen Riesen mit den vielen weißen Punkten – daher werden sie hier auch Dominos genannt – kannst du dich bis auf wenige Meter nähern. *R-S1*

INSIDER-TIPP
Tauchen mit den Dominos

3 PUERTO MORELOS

38 km südlich von Cancún/40 Min. über die MEX 307

Der Ausflug in die kleine Hafenstadt ist ein gutes Kontrastprogramm zu Playa del Carmen und Cancún, weil noch nicht so glattgebügelt für Kreuzfahrttouristen. Auf dem täglichen *Kunsthandwerks- und Flohmarkt (Av. Rojo Gómez)* findest du günstige und individuelle Souvenirs. Top ist das Angebot an guten, vor Ort gefertigen Hängematten. *T3*

ISLA MUJERES

(T2) **Für den großen Tourismus zu klein: 10 km vor der Küste Can-**

cúns liegt die ca. 8 × 1–1,5 km kleine ★ Insel, nur ein Katzensprung mit der Fähre und doch in eine andere Welt.

Cafés und Boutiquen säumen die gepflasterten Straßen. Mit offenem Golfwagen oder Motorroller lernst du die lang gestreckte Insel kennen. Entlang der Playa Norte zieht sich ein breiter Traumstrand, doch das Wasser erreicht selbst 100 m vom Ufer entfernt kaum mehr als Hüfthöhe – ideal für Kinder. Jungen Urlaubern verspricht die „Insel der Frauen" (17 000 Ew.) einen günstigen und typisch mexikanischen Karibikaufenthalt. Gewohnt wird in kleinen Pensionen oder komfortablen Gästehäusern am Strand; auch einige größere Hotels sind entstanden.

Woher stammt der Name für die Insel? Behauptet wird, dass hier Piraten ab dem 16. Jh. verschleppte Frauen versteckten. Nach einer anderen Version sollen die Spanier bei ihrer Ankunft Tempel vorgefunden haben, die weiblichen Gottheiten gewidmet waren.

Fähren *(granpuerto.com.mx)* zur Isla Mujeres verkehren u. a. ab Puerto Juárez 7 km nördlich von Cancún *(16 US-$ hin und zurück)* und vom Embarcadero *(Paseo Kukulcán km 4 | 19 US-$ hin und zurück)* im Hafen Cancún.

SIGHTSEEING

JOYSXEE ISLAND

Exzentrisch oder ökologisch? Vermutlich ist Richart Sowa, der britische Architekt, Erfinder und Sänger, beides und noch viel mehr. Aus 150 000 alten Plastikflaschen baute er sich ein Inselchen mit 25 m Durchmesser, darauf ein Haus – ein Vorbild, wie er sagt, auch für Entwicklungsländer. Man trifft den gesprächigen Richie auch in der *Sardinian Smile Music Bar,* wo er gelegentlich singt. Eine Haustour inklusive Überfahrt, Keksen und Tee kostet 5 US-$ – ein Betrag, der sich unbedingt lohnt! *Laguna Majax | joysxee.wix.com/joysxeespiralisland*

PARQUE ESCULTÓRICO PUNTA SUR

Auf einem großen Gelände hoch überm Meer wurde dieser Skulpturenpark angelegt, den du auf einem Rundgang an der Steilküste genießen kannst. Werke internationaler Künstler vermitteln Inspiration. Der südlichste Punkt der Insel ist atemraubend schön, auch wenn die Anlage etwas ramponiert erscheint. *Tgl. 9–17 Uhr*

ESSEN & TRINKEN

SARDINIAN SMILE

Klare Sache, woher Inhaber und Küche stammen: Das kleine Restaurant (Pasta, Pizza, Salate, aber auch mexikanische Gerichte) ist abendlicher Lieblingstreff vieler Langzeitreisender, mitunter gibt es hervorragende Livemusik und immer den besten Kaffee der Insel. *Av. Hidalgo Nähe Plaza | Tel. 01998 1 63 68 50 | €€*

ASIA CARIBE

Thaibasilikum, Zitronengras, Koriander: Die asiatische Küche von Peter Krinsky bedient sich frischer Zutaten. Etwa ein Drittel der Gerichte des Slow-Food-Restaurants sind vegetarisch, davon viele vegan. Auch Sushis sind im

Außergewöhnlich flach ist das Wasser vor der Isla Mujeres – schön zu sehen in Luftaufnahmen

INSIDER-TIPP
Süße Träume

Angebot. Die Schokolade-Kahlúa-Mousse ist göttlich und der Coconut Cheesecake jede einzelne Kalorie wert! *Av. Hidalgo 9 | Tel. 01998 2 04 93 57 | asiacaribe.com | €€*

CAFÉ CITO

Freundlich leuchtet das bunte Eckhaus. Zum Frühstück gibt es leckere Waffeln und Naturkost, mittags einen täglich wechselnden mexikanischen Lunch. Ein Treffpunkt der budgetbewussten Öko- und Backpackerszene. *Av. Matamoros 42/Juárez | Tel. 01998 8 77 14 70 | €*

OCEANUS BEACH CLUB ☂

Pfannkuchen mit Mangos und Blick auf die Karibik: Hier frühstückst du lässig-leger im Stil eines tropischen Strandhauses. Später gibt es mexikanisch-mediterrane Gerichte und Seafood. *Na Balam Hotel | Calle Zazil Ha 118 | Tel. 01998 8 81 47 70 | nabalam.com | €€*

SHOPPEN

GALERÍA DE ARTE MEXICANO

Der lilafarbene Eckladen hat die besten Silberwaren der Insel – vieles stammt aus Mexikos Silberstadt Taxco. Individuelle Schmuckanfertigung zu unschlagbaren Preisen! Daneben gibt es Talavera-Geschirr und Kunsthandwerk der Region. *Av. Guerrero 3*

SPORT & SPASS

GARRAFÓN REEF PARK

Disneyland-Atmosphäre im Karibikidyll: Im top gepflegten Meeresnationalpark im Südwesten der Insel verbringst du einen ganzen Tag mit Baden, Schnorcheln und Kajakfahren. Im Eintrittspreis ist auch der Verleih von Schnorchel und Flossen, Liegen und Tüchern inbegriffen. Sogar *ziplines* gibt es hier (gegen zusätzliches Entgelt) und zwischendrin gönnst du dir *fajitas* und Tacos im Restaurant. Wenn du nur schnorcheln willst: Den gleich nebenan gelegenen Strand Garrafón del Castillo besuchst du kostenlos. *Tgl. 9–17 Uhr | ab 89 US-$ | garrafon.com*

TORTUGRANJA

An der Westküste wurde diese als „Turtle Farm" ausgeschilderte Schildkrötenstation eingerichtet, in der von Mai bis September die am Strand von Schildkröten abgelegten Eier eingezäunt werden. Nach dem Schlüpfen hält man die Jungtiere in Becken, bis sie von Schulkindern ins Wasser freigelassen werden. *Tgl. 9–17 Uhr | Ctra. a Garrafón km 5*

STRÄNDE

PLAYA LANCHEROS & PLAYA INDIOS

Von Palmen beschattet, während der Woche ruhig, da von Touristen weniger besucht, am Wochenende beliebt bei Einheimischen. Einfache Restaurants und Wassersportangebote. *An der Westküste zwischen Hacienda Mundaca und Garrafón*

PLAYA NORTE

Verlockender kann die Karibik kaum sein: Der schönste Strand der Insel ist vom Ort zu Fuß zu erreichen, wenn du die Avenida Guerrero oder Hidalgo bis zum nördlichen Ende gehst. Ein schneeweißer Puderzuckerstrand und

Playa del Carmens 5a Avenida aka Fifth Avenue: Hier wird flaniert, was das Zeug hält

INSIDER-TIPP
Badewanne für Kids

ein absolut flaches und ruhiges Meer, in das man weit hineinlaufen kann. Hier kann man toll den ganzen Tag verbringen, dazu locken nette Strandbars und Restaurants.

AUSGEHEN & FEIERN

Treffpunkt, sobald es dunkel wird, ist die *Plaza Central* mit ihren vielen Bars und Restaurants. Nach ein paar Drinks geht es weiter zu einem Bummel unterm Sternenhimmel entlang der Meerpromenade *Av. Rueda Medina*.

WOHIN ZUERST?

Der Überlandbus hält meist im alten Busterminal an der 5a Av./Av. Juárez. Von dort sind es nur wenige Schritte zum Strand. Vom neuen Busbahnhof an der Av. 20 zwischen den Straßen 12 und 14 sind es auch nur drei Blocks zur **5a Avenida,** der Hauptstraße und Fußgängerzone der Stadt. Einen Parkplatz findet man an der Av. Juárez, Ecke Av. 10, weitere an der Av. Constituyentes.

PLAYA DEL CARMEN

(ꕤ S3–4) ⚑ **Palmengesäumte weiße Strände, türkisblaues Meer: Riviera Maya – bereits der Name der sich 130 km nach Süden ziehenden Karibikküste ist verheißungsvoll.**

Zentrum ist der Karibikort ★ Playa del Carmen (190 000 Ew.) auf halbem Weg zwischen Tulum und Cancún. Der einst beschauliche Fischerort und Geheimtipp aussteigewilliger Europäer bestand noch vor 30 Jahren nur aus ein paar Häusern. Jetzt reiht sich Hotel an Hotel, laufen bereits morgens Hunderte von Kreuzfahrttouristen mit einem Pappbecher Margarita durch die Straßen, preisen Türsteher vor den unzähligen Restaurants das Angebot des Tages an. Südlich der Stadt erstreckt sich die Fünfsternehotelzone Playacar, nach Norden hin liegen kleinere Unterkünfte für Individualtouristen. Im Bereich des Fähranlegers konzentrieren sich eher rummelige Restaurants und Shops, im Norden wird es ruhiger; dort finden sich nette Cafés und exklusivere Läden.

Das klassische Programm für Playa del Carmen: tagsüber relaxen am Traumstrand, nach Sonnenuntergang flanieren in der parallel zum Strand verlaufenden Einkaufsstraße. Die 5a Avenida, von allen nur „Fifth Avenue" genannt, bietet ungezählte Souvenirläden mit Hängematten und balinesischer Mode, Kleinkunst aus Oaxaca und Mayagötter aus Holz und Onyx, dazu Cocktail- und Saftbars sowie Restaurants, aus denen es verführerisch duftet. *Mariachi*-Kapellen spielen in den Restaurants und auf offener Straße und im *Blue Parrot* findet ab Mitternacht eine Reggaeparty statt. Unter Palmen und Strohdächern sitzen die Gäste im weißen Sand, nippen am eisgekühlten Tequila oder tanzen barfuß am nächtlichen Strand.

ESSEN & TRINKEN

TAQUERÍA EL FOGÓN II

Hier dreht sich alles um Tacos, die du in diversen Variationen bekommst, z. B. mit Meeresfrüchten gefüllt. *Av. 30 zwischen Calle 6 und 8 Norte | Tel. 01984 8 06 78 24 | €*

LA FLORESTA

Die besten Fisch- und Krabbentacos der Stadt, nicht nur Einheimische lieben die Küche. Tacos und *tostadas* mit *camarones* (Krabben) und *pescado* sind so gut, dass meist spätestens um 15 Uhr alles ausverkauft ist. *MEX 307/Calle 14 Norte | Tel. 01984 5 93 31 69 | €*

INSIDER-TIPP **Muy auténtico**

ALUX

Mahi-Mahi und dazu ein kühler Chardonnay, das Ganze in Felsnischen und unter den faszinierenden Gewölben einer *Cenote*-Höhle – romantisch und ziemlich abgefahren. Vor dem Essen trifft man sich für einen Drink an der Bar. *Av. Benito Juárez 2017 | Tel. 01984 2 06 14 01 | aluxrestaurant.com | €€*

CHEZ CÉLINE

Schokocroissants und Café au Lait zum Frühstück, üppig belegte Baguettes und diverse Salatkreationen: Das französische Café ist seit Jahren ein kleines kulinarisches Juwel. Die langen Bänke und Eisenstühle im Freien auf dem kleinen Platz sind aus diesem Grund auch schnell belegt. *5a Av./Calle 34 Norte | Tel. 01984 8 03 34 80 | chezceline.com.mx | €€*

LA PERLA PIXAN

Karibische *Palapa*-Atmosphäre und Livebands, dazu üppige mexikanische Küche und ausgefallene Mezcalcocktails; sogar aromatisierte *pulques* (eine Art vergorener, leicht alkoholischer Agavensaft) kannst du hier bestellen. *Calle 38 Norte zwischen 5a Av. und Strand | Tel. 01984 1 20 26 16 | €€*

SHOPPEN

Die gesamte *5a Avenida* gleicht einem einzigen großen Basar. Vom Ikatstoff aus Bali bis hin zur handbestickten guatemaltekischen Weste reicht das Angebot, auch Strandkleider und Perlenschmuck werden günstig verkauft.

SPORT & SPASS

CENOTE AZUL

Hier stimmt einfach alles: Der *cenote* ist leicht sogar mit dem Bus zu erreichen, der Eintritt ist niedrig, es gibt Umkleidekabinen und vor allem: Das Wasser ist glasklar, die umgebende Vegetation tropisch-üppig. So kann man hier leicht einen halben Tag verbringen. Am besten gleich morgens um 9 Uhr da sein! *Tgl. 8.30–17 Uhr | Ctra. Cancún–Tulum km 266*

SCHWIMMEN IM RÍO SECRETO

Ein echtes Abenteuer: Schwimmen im *Río Secreto*, im „Geheimen Fluss". Das unterirdische Gewässer lässt sich auf einer 600 m langen Strecke durchschwimmen – ein Erlebnis, das du nicht so schnell wieder vergisst. *Touren (3½ Std.) tgl. 9, 10, 11, 12, 13 Uhr |*

Nach dem Spiel ist vor dem Bad: Beachvolleyball am Strand von Playa del Carmen

79 US-$ | Ctra. Cancún–Chetumal km 283,5 | riosecreto.com

XCARET ★

Der älteste und aufwendigste der yucatekischen Erlebnisparks 5 km südlich vereint eine Prise Disneyland mit Kultur und viel Natur. Mit Bade- und Schnorchellagune, Schildkrötenbecken, Schwimmen in einem unterirdischen Fluss, Aquarium und Pferdeshow ist ein langer Tag voller Action und Spaß garantiert. *Tgl. 8.30–22.30 Uhr | ab 99 US-$, Kinder (5–11 Jahre) ab 49,50 US-$ | xcaret.com*

XPLOR

Der 60 ha große Naturerlebnispark der liegt 6 km südlich neben Xcaret am Meer und richtet sich hauptsächlich an ältere Besucher, die adrenalingetränkte Action lieben. Geboten werden 14 *ziplines,* Schwimmen in einem unterirdischen Fluss, Floßfahrten und Dschungeltouren mit dem Amphibienwagen. *Mo–Sa 9–17 Uhr | 115 US-$ | MEX 307 km 287 | xplor.travel*

STRÄNDE

Ein kilometerlanger Strand zieht sich nördlich und südlich der Mole am Meer entlang. Südlich der Mole ist er besonders gepflegt, weil er dort von den Luxushotels gesäubert und unterhalten wird. Nördlich der Mole beginnt der öffentliche Stadtstrand, hier eröffneten zahlreiche Hotels ihre Strandrestaurants. Einige bieten Zugang zum eigenen Beachclub mit Liegestühlen, Sonnenschirmen, Duschen und Toiletten. Angebote zum Schnorcheln, Tauchen und Wassersport finden sich ebenso wie für Thai- und Wellnessmassagen.

PLAYA PUNTA ESMERALDA

Wunderschöner öffentlicher Naturstrand und dazu ganz ohne Beachclubs. Hier bist du umgeben von Mexikanern! Ein paar Meter vom Strand liegt ein offener *cenote,* also mit Ausgang zum Meer. Da lässt es sich herrlich planschen, auch weil das Wasser ein paar Grad kühler ist und toll erfrischt. Unter der Woche von Dienstag bis Freitag ist am wenigsten Betrieb, dann kannst du auch den Sonnenuntergang richtig genießen. *Calle 110 Norte*

AUSGEHEN & FEIERN

FUSION BEACH BAR

Du sitzt im Sand, genießt mitreißende Livemusik von Rock bis Reggae und startest mit einem Bier die Nacht. Um einen der Tische mit Kerzenlicht nach 22 Uhr zu ergattern, braucht es etwas Glück. *Calle 6 Norte | Facebook*

PATIO 8

Meterhohe Regale hinterm Bartresen, darin angestrahlte Gläser und unzählige Tequilasorten: Diese offene Bar ist auch optisch ein Genuss und *der* Magnet für Partygänger. *Calle 8 Norte 876 | grupoazotea.com*

COCO BONGO

Ein Meer von Seifenblasen, Lasershows, Akrobatik und Konfettiregen, aufwendige Liveshows mit allem Zipp und Zapp: Besucher lieben das Konzept und die Auswahl unter den Pauschalen *(ab 70 US-$). Calle 12 Norte/ Av. 10 | cocobongo.com.mx*

LA BODEGUITA DEL MEDIO

Ableger der kubanischen Kultkneipe, die durch Ernest Hemingway berühmt wurde. Mach es dem Nobelpreisträger nach und ordere einen Mojito, der hier mit

INSIDER-TIPP
Ein Mojito im Bodeguito

Du bist noch nie in einer Höhle geschwommen? Das – und mehr – geht in Aktun-Chen!

bestem kubanischem Rum gemixt wird. *5 Av./Calle 34 Norte | labodeguitadelmedio.com.mx*

RUND UM PLAYA DEL CARMEN

4 PUERTO AVENTURAS

25 km südwestlich von Playa del Carmen/30 Min. über die MEX 307

In einer schönen Bucht ist dieser noch recht neue Ferienort entstanden, der vor allem auf eine zahlungskräftige Klientel zielt. Edel designte Fünfsternehotels und ebensolche Apartments wurden errichtet, Ethnorestaurants säumen die Uferstraße, Grünanlagen und ein Golfplatz wurden geschaffen. Der moderne Yachthafen findet bereits großen Zuspruch von Seglern. Im *Museo Pablo Bush (Di–So 10–13 und 15–18 Uhr)* am Hafen stellt der mexikanische Taucherverband Fundstücke aus Wracks und *cenotes* aus. *S4*

5 AKUMAL

40 km südwestlich von Playa del Carmen/35 Min. über die MEX 307

Kein Geheimtipp mehr sind die puderzuckerfeinen Strände und das in allen Türkistönen schimmernde Wasser von Akumal, seitdem hier immer mehr luxuriöse All-inclusive-Hotels entstanden sind. Außerdem kommen in den „Ort der Schildkröten", wie Akumal in der Sprache der Maya heißt, täglich Busladungen voller Tagestouristen zum Schnorcheln. Am besten gehst du da ins Wasser, wo es nichts kostet. Mit Bojen abgesteckte Parzellen markieren die Stellen, an denen man ohne gebuchte Schnorcheltour schwimmen kann. Bring Brille und Flossen mit, eine Schwimmweste kannst du überall leihen. Und dann siehst du sie: an Seegras knabbernde Karettschildkröten – einfach wunderschön. Halte unbedingt Abstand und verfolg die Tiere nicht etwa für Selfies; auch das Berühren ist schädlich für die Schildkröten.

Karibisch farbenfroh und mit selbst gebackenen Kuchen und Pies von Topqualität präsentiert sich die *Turtle Bay Café & Bakery (Plaza Ukana I | turtlebaycafe.com)*. Lecker ist auch das Kokosnusseis mit einem Topping aus Kaffeelikör und kandierten Mangos. *S4*

6 AKTUN-CHEN NATURAL PARK

45 km südwestlich von Playa del Carmen/40 Min. über die MEX 307

Highlight des Naturparks ist die gewaltige, rund 5 Mio. Jahre alte Tropfsteinhöhle mit unterirdischem See, durch die dich Führer begleiten. In einer weiteren Höhle liegt ein glasklarer *cenote*, in dem man schwimmen kann. Noch nicht genug? Anschließend locken zehn *ziplines*! *Tgl. 9.30–17.30 Uhr | ab 522 Pesos, Kinder ab 414 Pesos | aktun-chen.com |* *S4*

7 XEL-HÁ

50 km südwestlich von Playa del Carmen/45 Min. über die MEX 307

Schnorcheln in der glasklaren Lagune, mit der *zipline* ins Wasser, über einen unterirdischen Fluss paddeln und noch viel mehr: Ein Besuch im Ökopark Xel-Há macht viel Spaß, ist aber auch recht teuer. Hier befand sich von ca. 500 v. Chr. bis etwa 1200 n. Chr. ein früher Handelshafen der Mayas. Auf dem Gelände wurden bereits mehrere Mayaruinen entdeckt. *Tgl. 9–18 Uhr | ab 90 US-$ | xelha.com | 🗺 S4*

8 TULUM ★

65 km südwestlich von Playa del Carmen/1 Std. über die MEX 307

In Tulum blicken die Götter der Mayas über die Wogen der Karibik und in die aufgehende Sonne. *Zama* („Morgenröte") nannten die Mayas ihre Stätte, die von 1200 bis zum Einfall der Spanier ein Zentrum der Spiritualität und des Handels war.

Aufgrund des starken Besucherandrangs wurde die Umgebung der archäologischen Stätte ausgebaut zu einer Art modernem Freizeitpark. Mit einer Miniatureisenbahn fährt man von den Parkplätzen zu den Souvenirläden und Tempeln. Nur früh am Morgen und außerhalb der Saison herrscht in Tulum noch jene Stille, ohne die sich die mythischen Bauwerke zur bloßen Kulisse wandeln. Der Besuch empfiehlt sich daher möglichst früh am Morgen, da es zwischen 10 und 11 Uhr sehr voll wird, weil dann die Ausflugsbusse aus Cancún und von den Kreuzfahrtschiffen kommen.

Das ehemalige *Zeremonialzentrum der Mayas (tgl. 8–17 Uhr | ⏲ 3 Std.)* mit religiösen und zivilen Verwaltungsgebäuden datiert aus der nachklassischen Epoche ab 1250 und ist architektonisch eher enttäuschend, liegt jedoch einzigartig auf einer 12 m hohen Klippe am Steilufer über dem Karibischen Meer. Die Stätte war vermutlich schon in der klassischen Epoche besiedelt, denn man fand eine Stele mit dem Datum 564.

Der Name Tulum („Zaun" oder „Mauer") bezieht sich auf die Tatsache, dass das Zentrum an drei Seiten von einer ca. 420 m und zweimal 200 m langen sowie bis zu 4 m hohen und 6 m starken Mauer mit fünf Eingängen umgeben ist. Die vierte Begrenzung bildet das Steilufer mit dem darunterliegenden Strand. In diesem abgegrenzten Bereich wohnten vermutlich die religiösen und zivilen Führer. Weitere Ruinen, wahrscheinlich Wohngebäude der einfachen Bevölkerung, liegen über 6 km verstreut an der Küste.

Nach Betreten der Anlage durch den Nordeingang stößt du zunächst auf die Zentralgruppe mit kleineren, palastartigen Gebäuden, durch die sich in Nord-Süd-Richtung eine Straße zieht. Auffallend ist hier das *Chultún* (Reservoir House) mit einem von zwei Säulen dekorierten Eingang. Der große Innenraum birgt in der Mitte einen kleinen Altar; an der Südwestseite des Gebäudes liegt eine unterirdische Zisterne, die dem Bauwerk seinen Namen gab. Östlich des Gebäudes, also Richtung Meer, sind im *Templo de los Frescos* (Tempel der Fresken) noch einige Wandmalereien erhalten, die jedoch wegen der Absperrungen nur schwer zu erkennen sind.

Direkt an der Klippe steht an der höchsten Stelle *El Castillo*. Eine Treppe führt die Pyramide hinauf zu einem Tempel. Von dort überblickt man ei-

Komm früh: So leer wie hier erlebst du Tulum nur vor dem Eintreffen der Ausflugsbusse!

nen längeren Abschnitt der Küste. Drei Nischen schmücken die Fassade, über der mittleren sind Reste einer Dekoration eines herabstürzenden Gottes zu sehen. An den Ecken des Frieses entdeckt man zwei Stuckmasken von Tieren, mit denen Götter symbolisiert werden. Ebenfalls auf der Klippe liegt der *Templo del Dios Descendente,* der Tempel des herabstürzenden Gottes. Die Darstellung zeigt ein geflügeltes Wesen mit dem Kopf nach unten. Es wird einerseits als Gott der untergehenden Sonne angesehen, andererseits auch als Bienengott. Die Figur ist einer Biene durchaus nicht unähnlich und Honig wurde schon in der postklassischen Epoche der Mayas auf der Halbinsel produziert.

Gleich südlich von der archäologischen Stätte erstreckt sich die *Playa Paraíso.* Das glasklare Wasser hat die aufregendsten Farben, der Sand streichelt die Haut und unter Palmen findest du tolle Beachclubs mit dem typischen Boho-Chic, für den Tulum bekannt ist.

Ökologie und Kunst, blank polierter Beton und einheimische Hölzer prägen die Galerie *Sfer Ik Museion (Ctra. Tulum–Punta Allen km 5 | sferik.art | 1 Std.)* 5 km südlich an der Hauptstraße – spannend und inspirierend. Kein Wunder, der Direktor ist der Lieblingsenkel der legendären Kunstsammlerin Peggy Guggenheim.

Mexikanisches Fingerfood, köstliche Drinks und weiche Sonnenliegen zwischen Kokospalmen und Segeldächern genießt du 3 km weiter in *Ziggy's Beach Club (ziggybeachtulum.com).* R4–5

9 COBÁ ★

110 km südwestlich von Playa del Carmen/1½ Std. über Tulum

Highlight der gewaltigen präkolumbischen Mayasiedlung, versteckt zwischen dichter Buschlandschaft und umgeben von Seen, ist die *Große Pyramide* – eine der wenigen Yucatáns, die noch bestiegen werden darf. Ein starkes Erlebnis! Und entsprechend beliebt ist Cobá mittlerweile – am besten, du kommen gleich nach der Öffnung. Eine kleine moderne Ortschaft hat sich am größten See etabliert, mit Gästehäusern und Restaurants. Busse aus Playa del Carmen *(1½ Std.)* und Tulum *(45 Min.)* halten gegenüber dem Eingang.

INSIDER-TIPP
Ja, mir san mit'm Radl da

Cobá hat weite Wege, deshalb leihst du dir am besten ein Fahrrad oder steigst in eine Fahrradrikscha. Das ist besonders für kleine Kinder, die noch nicht radeln können, ein großer Spaß. Unterwegs bist du auf einem Netz gut ausgebauter Straßen, sogenannter *sacbeob*, die zwischen dem 6. und 9. Jh. von den Mayas geschaffen wurden.

Zwei Hauptgruppen kannst du entdecken: Gleich beim Eingang führt rechts der Weg zur Cobá-Gruppe, die zwischen den beiden Seen Lago Macanxoc und Lago Cobá liegt. Mittelpunkt ist die 24 m hohe Pyramide *Iglesia* mit den Resten eines Tempels auf der Spitze und umgeben von kleineren Gebäuden und Stelen.

Zurück auf dem Hauptweg, erreichst du nach etwa 1 km die Gruppe *Nohoch Mul*. Es ist jedes Mal ein Erlebnis, wenn man die von dichten Bäumen umgebene Lichtung erreicht und die gewaltige, 42 m hohe Pyramide erblickt. Auf ihrer Spitze thront ein gut erhaltener Tempel, den du sogar betreten darfst. Über dem Eingang gut zu erkennen ist die Skulptur eines „herabstürzenden Gottes" *(Dios Descendente)*. Rund 120 steile, unregelmäßige Stufen führen hinauf – eine einzigartige Gelegenheit! Nicht ganz einfach ist jedoch das Hinabsteigen – festhalten kann man sich nur an einem in der Mitte gespannten Tau. Um den Dolinensee Macanxoc liegen weitere vier Gebäudegruppen mit zahlreichen Plazas, Pyramiden, Tempeln und Stelen. Feste Schuhe bzw. Trekkingsandalen sind nötig, auch eine Kopfbedeckung und genügend Wasser im Gepäck. *Tgl. 8–17 Uhr* | *2½ Std.* | *R4*

10 SIAN KA'AN ★

120 km bis Punta Allen südlich von Playa del Carmen/2½ Std. über Tulum

Schon der Name klingt verheißungsvoll: Sian Ka'an, „Geburt des Himmels", nannten die Mayas das weitgehend wegelose Gebiet, das aus dichtem tropischem Dschungel, aus Palmensavannen und Mangrovensümpfen besteht. Sie errichteten kleine Zeremonialstätten, von denen heute noch über zwei Dutzend Bauwerke erhalten sind. Lange lebten in dem 5000 km² großen Naturschutzgebiet nur Tiere: Allein 70 Säugetierarten wurden identifiziert, neben Rehen auch Jaguare und *manatis*, Rundschwanzseekühe, die ebenso wie Meeresschildkröten und Krokodile in den Gewässern vor Sian Ka'an leben.

Inzwischen sind auch einige Touristen da, angezogen von zahlreichen naturbelassenen karibischen Traumstränden und einem davor liegenden, etwa 110 km langen Korallenriff. Wer sich hier einquartieren will, musste lange vorliebnehmen mit rustikalen Unterkünften *(cabinas)* ohne Klimaanlage, doch zunehmend eröffnen auch komfortablere Hideaways. Das verträumte Küstendorf *Punta Allen* ist von Tulum aus auf einer 55 km langen Schotterpiste zu erreichen. Es liegt ganz am Ende der Landzunge vor der Bahía de la Ascensión: ein abgelegenes karibisches Fischernest, dessen Bewohner vornehmlich von der Hummerzucht leben.

INSIDER-TIPP
Gone fishin'

Lass dich gegen ein kleines Entgelt von einem Fischer mit auf Tour nehmen und dir die Buchten und Verstecke der Laguna Boca Paila zeigen! Einige Geschäfte vermieten auch Wassersportausrüstung wie Boote und Surfbretter. Für Ausflüge nach Sian Ka'an braucht man ein eigenes Auto; allerdings lassen sich auch organisierte Ausflüge ab Cancún unternehmen. *R5–7*

Seltene Gelegenheit: Die Große Pyramide in Cobá darf man noch erklimmen

COZUMEL

(S–T4) **Trotz des internationalen Flughafens ist Cozumel weniger mondän als Cancún und bietet noch immer menschenleere Strände abseits der Hotelbuchten.**

Die Isla Cozumel (80 000 Ew.) ist *das* Tauchzentrum Mexikos. Die Hotels haben sich ganz auf sportliche Besucher eingerichtet und Tauchshops findest du an nahezu jeder Ecke. Das bedeutet aber auch: In Cozumel geht man früh schlafen, denn statt auf Clubs stehen die Gäste hier auf frühmorgendliche Tauchgänge.

Legendär sind Cozumels Tauchgründe, die Jacques Cousteau 1961 erstmals filmte und so berühmt machte. Das Palancar-Riff wurde zum Naturschutzgebiet erklärt. Besondere Attraktion ist ein Flugzeugwrack, das am südlichen Ende von San Miguel auf der Höhe des Hotels La Ceiba etwa 100 m vom Strand entfernt für Filmaufnahmen versenkt wurde. Anfänger tauchen in der Lagune Chankanaab und vor der Bucht von San Francisco, deren Riff sich auch für Unterwasserfotografie eignet.

Die lebhafte, etwa 50 × 15 km große Insel wird während der Wintermonate von Kreuzfahrtpassagieren, die das Inselhauptstädtchen San Miguel de Co-

Eine Herausforderung für Taucher mit etwas Erfahrung ist Cozumels Palancar-Riff

zumel erkunden, regelrecht geflutet. Mit der Fähre von Playa del Carmen *(6–22 Uhr stdl. | Fahrtdauer ca. 45 Min.)* landet man ebenfalls dort, an der nördlichen Westküste. Der Flughafen wird von Mayair *(mayair.com.mx)* ab Cancún angeflogen.

SIGHTSEEING

MUSEO DE LA ISLA DE COZUMEL ☂

Das nette, kleine Museum zeigt Ausgrabungsfunde der präkolumbischen Epoche, die zum Teil von Tauchern aus dem Meer geborgen wurden. Eine auch für Kinder interessante Ausstellung befasst sich mit Cozumels Korallenriffen und dessen seltenen Meeresbewohnern. *Mo–Sa 9–16 Uhr | Av. Rafael Melgar/6a Calle | ⏲ 1 Std.*

SAN GERVASIO

Vor einem Jahrtausend pilgerten Mayafrauen aus Belize, Guatemala und dem Süden Mexikos auf die Insel, um in San Gervasio der Göttin des Mondes und der Fruchtbarkeit, Ix-Chel, zu huldigen. Noch heute wird San Gervasio von Mayas als heiliger Kraftort verehrt. Zu sehen gibt es allerdings eher wenig – zwischen dichtem Buschwerk und Palmen liegen einige im Zerfall begriffene Torbögen, Tempelruinen und Reste einer alten Zeremonialstraße. *Tgl. 8–16.30 Uhr | 15 km östl. von San Miguel*

CHANKANAAB BEACH ADVENTURE PARK

Der Naturpark an Cozumels Westküste verspricht einen erholsamen Tag am Meer mit der dazugehörigen Infrastruktur. Attraktion für Taucher und Schnorchler ist ein Korallenriff, das in 7–30 m Tiefe direkt vor dem Strand liegt und sogar eine versenkte Figur der Jungfrau von Guadalupe zu bieten hat. Dazu eine Parklandschaft mit botanischem Garten sowie zahlreichen Nachbildungen der bedeutendsten präkolumbischen Stätten und Bauwerke des Landes. Die Lagune, unterirdisch mit dem Meer verbunden, ist Heimat für zahlreiche Fische und Vögel und ein kleines *Meeresmuseum* bietet Einblick in die Unterwasserwelt. Allerdings: Das ideale Schnorchelrevier für Anfänger ist immer gut besucht. *Mo–Sa 8–16 Uhr | Costera Sur km 11 | 23 US-$ | cozumelparks.com*

ARRECIFE PALANCAR (PALANCAR-RIFF) ★

5 km lang zieht sich das Korallenriff an der Südwestküste von Cozumel entlang, geprägt von Höhlen und Steilwänden. Die faszinierende Unterwasserwelt ist Heimat von Schwärmen seltener Fische und riesigen Meeresschildkröten. Das Palancar-Riff, ein Dorado für erfahrene Taucher, beginnt ab etwa 8 m Tiefe. Es wird unterteilt in einzelne Abschnitte: Bis weit über 30 m fällt das für seine spektakulären Korallenformationen bekannte Maracaibo-Riff ab. Per Boot erreicht man die besten Tauch- und Schnorchelgründe. *Deep Blue (Calle Salas 200 | Tel. 01987 8 72 56 53 | deepbluecozumel.com)* ist eine verlässliche Adresse für Taucher. Du kannst nicht tauchen? Papageifische, Riffbarsche und traumhaft schöne Korallenformationen lassen sich auch auf Schnorcheltrips sehen – ebenfalls ein tolles Erlebnis im glasklaren, um die 30 Grad warmen Wasser.

PLAYA Y PARQUE ECOTURÍSTICO PUNTA SUR

Vom Visitors Center geht es mit dem Doppeldeckerbus auf holprigem Weg durch das Naturschutzgebiet (Krokodile, Schildkröten, Vögel) zum Leuchtturm. Ein 2 km langer Strand umgibt den Park, ein Korallenriff lädt zum Schnorcheln ein. Der weiße Leuchtturm (133 Stufen) an der Südspitze erlaubt einen Rundumblick über den Südteil Cozumels und das Karibische Meer. Die ehemaligen Wohnräume des Wärters an seinem Fuß wurden in ein kleines *Museum zur Seefahrt* umgewandelt. *Mo–Sa 9–16 Uhr | 16 US-$ | Costera Sur km 27 | cozumelparks.com*

ESSEN & TRINKEN

RESTAURANTE DEL MUSEO

Nicht nur nach dem Museumsbesuch empfehlenswert! Das Caférestaurant im ersten Stock besitzt eine große, dem Meer zugewandte Terrasse mit Blick aufs Geschehen entlang der lebhaften Hauptstraße. *San Miguel | Av. Rafael Melgar/4a Calle | Tel. 01987 1 20 22 55 | €*

ZERMATT BAKERY

Pan dulce und jede Menge Kleingebäck sichern ein Stammpublikum, den frisch aufgebrühten Kaffee trinkt man unter dem *palapa*-Dach vor der Bäckerei.

INSIDER-TIPP
Und der Thunfisch, der hat Würze

Unbedingt nach der Spezialität fragen: mit *atún* und Oliven gefüllte Pasteten!

San Miguel | Av. 5/Calle 4 Norte | Tel. 01987 8 72 13 84 | €

LAS PALMERAS

Bei der Plaza und in der Nähe des Fähranlegers, beliebter Treffpunkt bereits zum Frühstück. Auf der Karte: Surf 'n' Turf, Chilis und köstliche Salate. *San Miguel | Av. Rafael Melgar/Juárez | Tel. 01987 8 72 05 32 | restaurantepalmeras.com | €€*

EL ABUELO GERARDO

Authentische mexikanische Küche, auf Cozumel selten, Spezialität: Fischgerichte. Besonders beliebt sind die Plätze im Patio. *San Miguel | 10a Av. 21 (gegenüber der San-Miguel-Kirche) | Tel. 01987 8 72 10 12 | €€*

LA MISION

„Si no te gusta, no pagas" heißt es hier für die Gäste: Wenn es nicht schmeckt, bezahlt man nichts. Umgeben von tropischen Gärten werden sowohl mexikanische als auch internationale Gerichte serviert. *San Miguel | Adolfo Salas zwischen 5a Av. und Av. Rafael Melgar | Tel. 01987 8 79 00 32 | lamisioncozumel.com | €€€*

THE MONEY BAR BEACH CLUB

Nach dem Kaffee morgens gleich ins Meer? Einen kalten Drink an der Poolbar? Hier kannst du den ganzen Tag verbringen und auch noch gut essen. Nachmittags ist Happy Hour. *Zona Hotelera Sur, Carretera Costera Sur km 6,5 | Tel. 01987 8 69 51 40 | moneybarbeachclub.com | €€*

SHOPPEN

Cozumel ist Freihandelszone, Luxus- und Markenartikel gibt es hier etwas günstiger. Schmuck aus den gefährdeten schwarzen Korallen solltest du auf keinen Fall kaufen.

Die Playa San Francisco liegt geschützt an Cozumels Westküste

LOS CINCO SOLES

Das schönste Geschäft der Insel, untergebracht in einem haciendaähnlichen Bau. Geschmackvoll, ausgefallen und authentisch. Ermattet vom überreichen Angebot, kannst du dir im angeschlossenen Restaurant einen Fruchtsaft und die Spezialität des Tages gönnen. *San Miguel | Av. Rafael Melgar 27/Calle 8 Norte | loscincosoles.com*

STRÄNDE

PLAYA SAN FRANCISCO

Der populäre Strand mit breitem Wassersportangebot an der ruhigeren Westküste zieht Touristen und Einheimische gleichermaßen an. *Costera Sur km 14*

PLAYA PALANCAR

Ein ruhiger und weniger belebter Strand der südlichen Westküste. Hier legen die Boote mit Tauchern zum vorgelagerten Riff ab. *Costera Sur km 20*

CHEN RÍO

Stürmische Natur, toll für Strandläufer: Dieser kleine, fast verschwiegene Strand an der rauen Ostküste wird durch ein vorgelagertes Korallenriff geschützt. Du erreichst ihn mit dem Auto oder dem Roller. *2 km südl. der Ctra. Transversal*

AUSGEHEN & FEIERN

HARD ROCK CAFÉ

Für viele ist es Pflicht, dem Ableger der weltbekannten Kette auf Cozumel einen Besuch abzustatten. Beliebt auch bei jungen Einheimischen. *San Miguel | Plaza Royal Village, Av. Rafael Melgar km 3,5/Calle Claudio Canto*

FREEDOM IN PARADISE

Kultige Beachbar unweit der Südspitze, in der sich seit 1980 alles um Reggae dreht. Schnapp dir einen Liegestuhl und bestell einen eiskalten Drink, während Meeresrauschen und Bob Marley um deine Aufmerksamkeit buhlen. *Carretera Costera Sur | bobmarleybar.com*

SCHÖNER SCHLAFEN IN CANCÚN & AN DER RIVIERA MAYA

ETHNOHOTEL AM STRAND

„Morgenröte" bedeutet der Name des hippiemäßig gestylten Ethnohotels *Zamas (11 Zi. | Ctra. Tulum–Boca Paila km 5 | Tel. 01984 1 45 26 02 | zamas.com | €€)* in *Tulum*. Gewohnt wird in palmblattgedeckten Hütten direkt am Strand oder im zweistöckigen Haupthaus. Witziges, buntes Design, Hängematten und ein Hauch von Luxus.

LUXURIÖS-MINIMALISTISCHES HIDEAWAY

Vom Infinitypool hoch über der Karibik bis zu den tollen Beachrestaurants und den minimalistisch gestalteten Zimmern: Das *Nizuc (274 Zi. | Paseo Kukulcán km 21 | Tel. 01998 8 91 57 00 | nizuc.com | €€€)* ist ein Traum. Es liegt umgeben von Mangroven in einem Naturschutzgebiet an der Punta-Nizuc-Lagune am Südende von Cancúns Hotelzone.

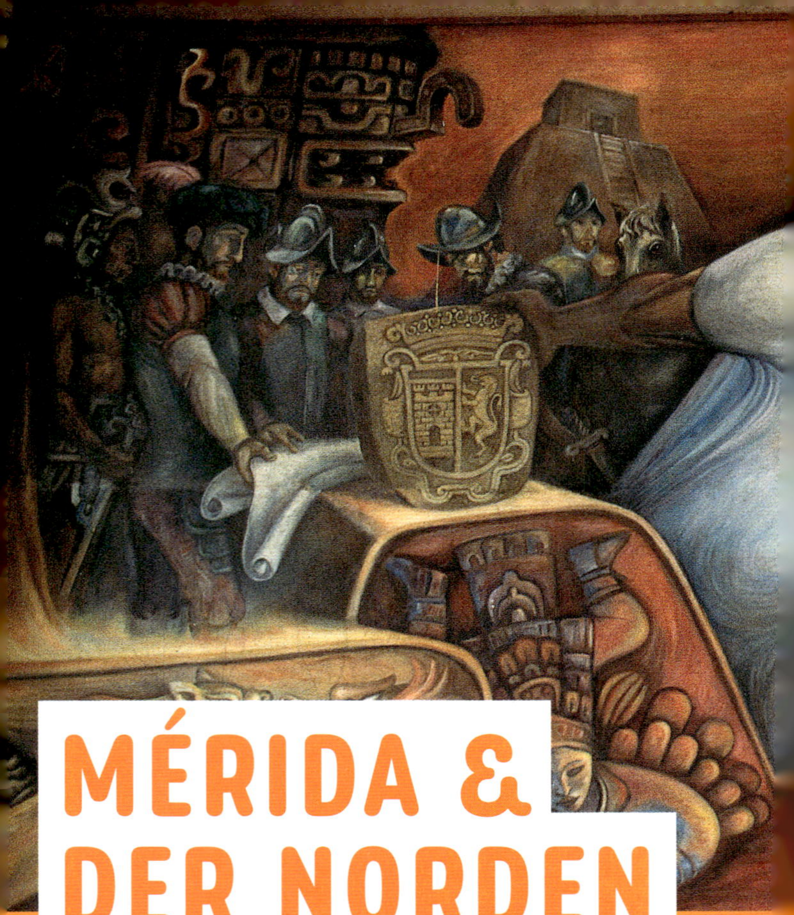

MÉRIDA & DER NORDEN

DIE SCHATZKAMMER DER HALBINSEL

Zwischen Kolonialstädten, Haciendas und Mayaruinen tauchst du ein in die Vergangenheit. Mérida ist vollgepackt mit Erinnerungen an glanzvolle Zeiten: Paläste und Arkadengänge, abendliche Musikveranstaltungen und Tänze auf den historischen Plazas.

Übernachtet wird in kreativ designten Boutiquehotels und kolonialen Herrenhäusern: In der Umgebung liegen Hunderte alte Haciendas, ehemals reiche Landgüter, auf denen Zuckerrohr und Agaven

Lass im Palacio de Gobierno in Mérida den ersten Stock mit seinen riesigen *murales* nicht aus!

angebaut wurden. Einige wurden mit viel Aufwand restauriert und sind jetzt Topadressen zum Wohnen und Essen, andere liebevoll geführte Museen.

Nicht weit ist es zu den heiligen Kultorten der Mayas, beispielsweise Chichén Itzá, die wohl am besten restaurierte Pyramidenstätte ganz Mexikos. Nur wenige Besucher reisen weiter zu den anderen, nicht minder beeindruckenden Mayastätten. Also Tropenhut aufgesetzt und Fotoapparat eingepackt: Hier gibt es sooo viel zu entdecken!

MÉRIDA & DER NORDEN

MARCO POLO HIGHLIGHTS

★ CHICHÉN ITZÁ
Die größte Mayastätte – ein Juwel aus präkolumbischer Zeit ➤ S. 70

★ CENOTE IK KIL
90 Stufen führen Schwimmer hinunter zum heiligen Dolinensee ➤ S. 73

★ IZAMAL
Pyramide und Franziskanerkloster überragen das koloniale Schmuckkästchen ➤ S. 77

★ GRAN MUSEO DEL MUNDO MAYA IN MÉRIDA
Passt doch: Weltklasse-Architektur für eine ebensolche Ausstellung zur Kultur der Mayas ➤ S. 81

★ VALLADOLID
Koloniales Bilderbuchstädtchen mit einem *cenote* zum Schwimmen im Zentrum ➤ S. 74

★ HACIENDA TEMOZÓN
Essen und wohnen wie im Märchen unter alten Ceibabäumen ➤ S. 87

★ PARQUE NATURAL DEL FLAMENCO MEXICANO DE CELESTÚN
Mit dem Boot durch Mangrovenkanäle zu den Flamingos und Krokodilen des Biosphärenreservats ➤ S. 86

★ UXMAL
Morgens, wenn sich die Nebel lichten: Mayatempel und -paläste, fast überirdisch schön ➤ S. 87

CHICHÉN ITZÁ

(▯ P3) ★ **Chichén Itzá, die größte und bedeutendste präkolumbische Stätte der gesamten Halbinsel Yucatán liegt ungefähr auf halber Strecke zwischen Cancún und Mérida. Sie wurde schon 445 gegründet und war bis 1200 bewohnt, als sie aus bisher nicht bekannten Gründen verlassen wurde.**

Für uns ist es heute unvorstellbar, wie es den Mayas vor 1500 Jahren gelang, die Steinquader für den Pyramidenbau zu zerteilen, obwohl sie keine Metalle kannten. Fast senkrecht schichteten sie Stein auf Stein für ihre Pyramiden. Das Besteigen dieser Pyramiden ist in Chichén Itzá wie in den meisten anderen archäologischen Stätten auf der Halbinsel Yucatán aus Sicherheitsgründen heute nicht mehr erlaubt.

Deutlich zu erkennen sind auch die Einflüsse eines weiteren präkolumbischen Volks, der Tolteken. Die Stätte wird daher heute in Chichén Viejo (zwischen 600 und 900) und Chichén Nuevo (ab 11. Jh.) unterteilt. Etwa drei Viertel der Bauwerke der einst 25 km² umfassenden Stadt harren noch der Erforschung. In Mérida und in Cancún werden Tagesausflüge angeboten, die man meist auch im Hotel buchen kann.

SIGHTSEEING

ZONA ARQUEOLÓGICA

Mächtige, perfekt restaurierte Pyramiden und Tempel, gut ausgebaute und beschilderte Wege, dazwischen Souvenirverkäufer, falls du noch einen Panamahut brauchst: Chichén Itzá befindet sich heute in einem Topzustand. Der Rummel im Eingangsbereich ist deshalb auch beträchtlich. Mayas in Lendenschurz und Federschmuck stehen für ein Selfie in Positur, es gibt Latte Macchiato wie Margaritas.

INSIDER-TIPP
Der frühe Vogel …

Sei spätestens um 8 Uhr, wenn die Stätte öffnet, am Eingang. Dann hast du noch ein paar Stunden deine Ruhe, denn die meisten Gruppen kommen später. Außerdem ist es sinnvoll, sich bei der Besichtigung zunächst auf einen kleineren Teil zu konzentrieren, z. B. die Nordgruppe. Wenn die Sonne dann vom Himmel knallt, ziehst du dich zum Lunch zurück und suchst erst später die Südgruppe auf.

Im Zentrum von Chichén Itzá thront die 24 m hohe Pyramide der gefiederten Schlange, von den Spaniern *El Castillo* genannt. Das gewaltige Bauwerk ist der Besuchermagnet, täglich versammeln sich davor unzählige Reisegruppen. Die schon von ihrer puren Präsenz her beeindruckende Pyramide hält so manche Überraschung bereit: An jeder Seite führen vier Treppen mit 91 Stufen nach oben zum Tempel. 91 mal 4 ergibt 364, addierst du dazu die Sockelstufe, ergibt das die Zahl der Tage eines Sonnenjahrs! Grandios sind die gewaltigen Schlangenköpfe mit zornig aufgesperrtem Rachen am Fuß der nördlichen Treppe: Jeweils zur Tagundnachtgleiche am 21. März und 22. September verschwindet während des Sonnenuntergangs ein Teil der

Pyramide im Dunkeln, während die abgestuften Pyramidenkanten einen besonderen Schatteneffekt auf die Treppe zaubern: Das Reptil windet sich die Pyramide hinunter! Für die Schamanenpriester einst der Moment, zu dem die Gottheit Kukulcán, die gefiederte Schlange selbst, ihnen erschien. Die frühen Mayas lebten nicht nur in anderen Welten und waren astrono-

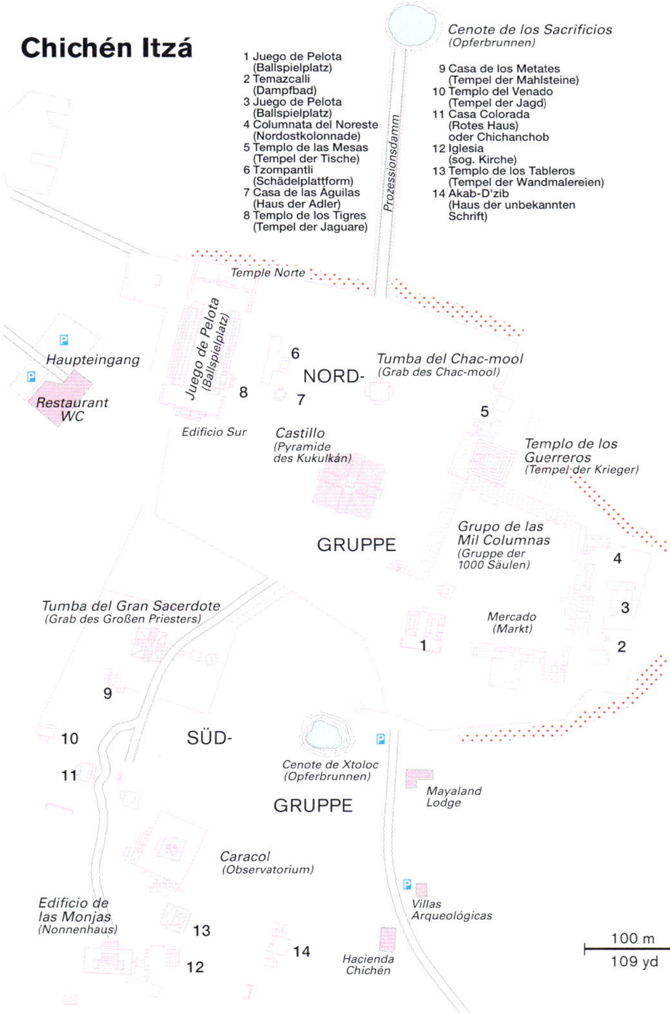

misch versiert, sondern kannten sich auch schon mit Soundeffekten aus: Klatsch einmal in die Hände. Das Echo, das die steilen Stufen zurückwerfen, kann sich hören lassen. Es erinnert an den Ruf des mythischen Quetzals, eines kleinen Vogels, der bei den Mayas als heilig galt.Noch eindrucksvoller ist die Akustik des gewaltigen *Juego de Pelota*. Die Gespräche, die du an einem Ende des 146 m langen Ballspielplatzes, des größten in Mittelamerika, mit deinem Liebsten führst, können Reisegruppen am anderen Ende noch kommentieren.

An den hohen Mauern des Platzes ragen in 7 m Höhe steinerne, mit Schlangen verzierte Ringe ins Feld. Durch diese musste der schwere Ball mit Hüften oder Schultern geschleudert werden. Behauene Friese zeigen das Ritual, das dann folgte: Der Anführer einer der beiden Mannschaften hält ein Messer und einen abgeschnittenen Kopf in den Händen, aus dem Hals des Getöteten strömt das Blut, dargestellt in Form von Schlangen. Mitunter heißt es, dass die Mayas die Gewinner des Ballspiels enthaupteten, um den Göttern keine Verlierer zu opfern.

Ganz anders die Darstellungen am nördlichen Ende des Platzes: Blumen und Vögel zieren den *Templo del Hombre Barbado* (Tempel des bärtigen Mannes), benannt nach einem Relief im Innern. Gruselig ist die Plattform der Schädel: Der *Tzompantli* diente als Bühne zum Ausstellen der Schädel der Geopferten. Die umlaufenden Friese zeigen plastische Totenköpfe ebenso wie Adler, die Menschen das Herz aus der Brust reißen und verschlingen. Auch im daneben liegenden *Templo de los Tigres* (Tempel der Jaguare) kannst du deutlich diese grausamen Szenen sehen.

Ein kurzer Spaziergang führt zum *Cenote Sagrado,* dem Opferbecken der Mayas. In dem natürlichen Wasserbecken, umgeben von dichter Vegetation, fanden Taucher Gold und Jade ebenso wie menschliche Skelette. Mit dem Observatorium, auch *Caracol* (Schneckenhaus) genannt, folgt nun der zweite Teil der Besichtigung. In einem der faszinierendsten Gebäude des südlichen Komplexes betätigten sich die Mayas als Sterngucker. Die Masken des Chac, des Gottes mit der langen Rüsselnase, schmücken das runde Gebäude, das mit seinem kuppelartigen Turm durchaus Ähnlichkeiten mit heutigen Sternwarten aufweist. *Tgl. 8–17 Uhr, Licht-und-Ton-Schau um 19 (Winter) bzw. 20 Uhr (Sommer) | 497 Pesos | inah.gob.mx | ⏲ 1 Tag*

ESSEN & TRINKEN

An der alten MEX 180, die sich durch das 1 km entfernte Dorf zieht, liegen mehrere große Restaurants vor allem für die Tagesbesucher, die mit Bussen aus Cancún kommen. Tagsüber empfiehlt sich wegen der weiten Wege die Cafeteria der archäologischen Stätte, abends isst man besser im Hotelrestaurant.

MAYALAND CAFÉ

Ein starker Espresso vom SB-Stand, dazu frisch gebackener Kuchen und ein Sitzplatz auf den barocken Eisen-

Chichén Itzá: 365 Stufen führen auf die El Castillo genannte Pyramide des Kukulcán

stühlen unter den meterdicken alten Bäumen im Park: So lässt es sich aushalten. Schau dir die alten Aufnahmen im Foyer an, von Jackie Kennedy über indische Prinzen bis zu Helmut Kohl: Das bereits 1923 bei den Pyramiden erbaute Mayaland-Resort hat sie alle beherbergt, Könige und Staatsoberhäupter. Der von einem wunderbaren Park umgebene Ort atmet Weltgeschichte. Durch den Nebeneingang gehts danach erfrischt weiter zur Südgruppe. *Ctra. Vieja km 121/Zona Hotelera | Tel. 01985 8 51 01 00 | €*

INSIDER-TIPP
Die Queen in Schwarz-Weiß

HACIENDA CHICHÉN

Ob nur zum Geflügelsalat oder zum mehrgängigen Menü: Schöner als auf der Terrasse der stilvollen alten Hacienda mit Blick in den tropischen Park isst du nirgends in Chichén Itzá. Und auch nicht gesünder, da die Zutaten überwiegend aus ökologischem Anbau stammen. *Ctra. Vieja km 120/ Zona Hotelera | Tel. 01985 8 51 00 45 | haciendachichen.com | €€*

RUND UM CHICHÉN ITZÁ

1 CENOTE IK KIL ★

3 km östlich von Chichén Itzá/10 Min. über die MEX 180

Einzigartig: Hier schwimmst du in einem heiligen Dolinensee, den schon die Mayas früherer Epochen als Jungbrunnen verehrten. Bereits der Zugang zu diesem *cenote sagrado* ist äußerst beeindruckend: 90 Treppen-

INSIDER-TIPP
Alternative zum Sprungturm

stufen führen hinunter in die Tiefe zu einer Plattform am Wasser. Gleich von mehreren Stellen aus kannst du es wagen, per Kopfsprung abzutauchen. Das Wasser des 40 m tiefen, kreisrunden Sees ist kühl und erfrischend. Toll sind mehrere kleine Wasserfälle, die sich vom oberen Felsrand aus in die Tiefe stürzen. Die Umgebung ist tropisch-üppig, zahlreiche lange Luftwurzeln hängen über dem *cenote*. Nach dem Schwimmen und wenn es beginnt, voll zu werden – meist schon gegen 11 Uhr –, gönnst du dir im Restaurant noch einen frischen *jugo de naranja. Tgl. 9–17 Uhr | Ctra. Mérida–Puerto Juárez km 122 | cenote-ik-kil.com | P3*

2 BALANKANCHÉ

7 km südöstlich von Chichén Itzá/ 15 Min. im Taxi über die MEX 180

Diese Tropfsteinhöhle, eine Wunderwelt aus glitzernden Stalagmiten und Stalaktiten, wurde sehr wahrscheinlich schon 300 v. Chr. von den Mayas genutzt. Sie betrachteten die Höhle als Reich des Regengotts Chac und führten hier magische Zeremonien durch. Cool: Du kannst einige der unschätzbar wertvollen Ritualstatuen und -objekte der Maya sehen, die hier nach wie vor platziert sind. Anderthalb Jahrtausende später kamen Tolteken, die ebenfalls einer Regen- und Fruchtbarkeitsgottheit huldigten – aus Chac wurde Tlaloc. Im kleinen Museum erfährst du anschließend einiges über die noch heute von den Mayas in ihren Dörfern praktizierten Regenrituale und Opfergaben. *Tgl. 9–17 Uhr, geführte Touren zur vollen Stunde | P3*

3 VALLADOLID ★

40 km östlich von Chichén Itzá/ 50 Min. über die MEX 180

Die bezaubernde Kolonialstadt (75 000 Ew.) ist ein magischer Ort zum Verlieben. 1543 gegründet, zeigt das Zentrum noch die originale Stadtarchitektur. Hier an der Kreuzung der Straßen 39 und 41 mit den Straßen 40 und 42 liegt auch der Stadtpark *Francisco Cantón Rosada,* der von mehreren Hotels und Kunsthandwerksläden umgeben ist. Unter den Kolonialkirchen ist besonders die Kathedrale *San Gervasio* am Zentralplatz sehenswert, 1706 er-

Freibad à la Yucatán: In Ik Kil springt man von einer Naturplattform ins 40 m tiefe Wasser

baut und mit zwei eindrucksvollen Glockentürmen und der Skulptur der spanischen Königskrone in der Fassade vollständig erhalten. Das *Convento de San Bernardino de Siena,* ein Franziskanerkloster von 1560, besitzt eine viel bewunderte Fassade und einen prachtvollen Garten. Der *cenote Sis-Ha* diente als Ziehbrunnen und versorgte während der Kolonialzeit das Anwesen mit Wasser.

Beliebter Treffpunkt zum ausgedehnten Lunch wie für ein mehrgängiges Dinner ist das ⚑ *Mesón del Marqués (Calle 39 Nr. 203 | Tel. 01985 8 56 20 73 | mesondelmarques.com | €–€€),* ein koloniales Stadthaus aus dem 17. Jh. am Zócalo mit gleich mehreren blumengeschmückten Patios. Das beliebte Avocadomus wird hier direkt an deinem Tisch aus Avocados, Koriander und Limettensaft zubereitetet und im schweren Steinmörser serviert – ein Genuss! Ein vorzügliches Restaurant mit yucatekischen Gerichten ist auch die *Taberna de los Frailes (Calle 49 Nr. 235 | Tel. 01985 8 56 06 89 | tabernadelosfrailes.com | €€)* neben dem Kloster. Die Betreiber und Angestellten des ⚑ *Ix Cat Ik (Calle 39 zwischen Calle 20 und 22 | Tel. 01985 1 04 16 05 | ixcatik.mx | €)* sind allesamt verwurzelt in ihrer indianischen Kultur. Hier kommt beste Maya-

INSIDER-TIPP
Stilecht servierte Guacamole

küche auf den Tisch, dazu gibt es ungewöhnliche Cocktails mit Mezcal oder Tequila.

Ein *cenote* mitten in der Stadt? Auch in dieser Hinsicht ist Valladolid ziemlich einzigartig. Am schönsten ist es, du läufst gleich früh am Morgen durch die stillen Gassen zum kreisrunden *Zaci-Cenote (Calle 39/Calle 37)*. Dann ergibt sich auch die Gelegenheit, mit den Betreibern der bescheidenen Stände ein paar Worte zu wechseln – Mayas, die selbst gemachte Souvenirs anbieten.

INSIDER-TIPP
Süße Entdeckung

Halte Ausschau, ob es hier den köstlichen Mayahonig gibt, eine echte Kostbarkeit und günstiger als in den Shops der Stadt. Steile Stufen führen hinunter zum Kalksteinloch, das durch den Einfall von Sonnenstrahlen mit einer märchenhaften Atmosphäre überrascht. Morgens teilst du den Eingang zur Unterwelt der Mayas mit nur wenigen anderen Besuchern, doch um die Mittagszeit glitzert das Wasser besonders beeindruckend. Nach einem erfrischenden Sprung ins Nass und der Umrundung des *cenote* darf es dann einen *café con leche* im angeschlossenen *palapa*-Restaurant geben. *Q3*

4 EK BALAM

70 km nordöstlich von Chichén Itzá/ 1 Std. über die MEX 180 und MEX 295

Das Mayadorf wurde durch seine *archäologische Stätte (tgl. 8–16 Uhr | 1½ Std.)* aus der späten klassischen Epoche (700–900) bekannt. Hier bist du ungestört von Besuchern und genießt die üppige Vegetation, die die Pyramiden umgibt. Die einst prächtigen Gebäude – eine der drei Pyramiden an der Plaza ist 30 m hoch – deuten darauf hin, dass es sich bei Ek Balam um ein wichtiges Zeremonialzentrum handelte. Andererseits verweisen zahlreiche Funde auf die Bedeutung der Stätte als Handelsplatz zwischen der Küste und dem Zentrum Cobá. Schau dir die zentrale Plaza an, sie besteht aus mehr als 20 Gebäuden; gleich mehrere Zeremonialstraßen *(sacbeob)* treffen dort zusammen: Hier bist du mittendrin im Allerheiligsten. *Q3*

5 CENOTE X'CANCHÉ

70 km nordöstlich von Chichén Itzá/ 1 Std. über die MEX 180 und MEX 295

Im Anschluss an den Besuch von Ek Balam geht es zum Schwimmen! Nur 1½ km östlich der Ruinen liegt dieser wunderschöne, türkisgrün schimmernde Dolinensee.

INSIDER-TIPP
Mit der Rikscha zum heiligen See

Mayas bringen dich mit der Fahrradrikscha hin. Sogar eine kleine Plattform wurde angelegt, um in den See zu springen. Auch ein einfaches Restaurant ist vorhanden. *Tgl. 9–17 Uhr | cenotexcanche.com.mx | Q3*

6 RÍO LAGARTOS

150 km nördlich von Chichén Itzá/ 2 Std. über die MEX 180 und MEX 295

Das Fischerdorf ist Ausgangspunkt für den Besuch des *Parque Natural Río Lagartos* mit seinen Flamingokolonien. Fischer bieten Ausflüge mit Motorbooten an. In einer durch eine Nehrung vom Meer abgetrennten, geschützten

Río Lagartos: Fische und Flamingos, die einen zum Genießen, die anderen zum Gucken

Lagune leben darüber hinaus weitere 200 Vogelarten, vor allem am sumpfigen Ende der Landzunge. *Q1*

IZAMAL

(O3) **70 km östlich von Mérida liegt das entzückende Kolonialstädtchen ★ Izamal (17 000 Ew.).** In einer alten Pferdekutsche, genannt *victoria* und überall in Izamal anzutreffen, lässt man sich zur Mayapyramide Kinich Kakmó fahren und zum riesigen Atriumgarten des Franziskanerklosters San Antonio de Padua. Das Bauwerk ist komplett in Ockergelb getüncht, wie im Übrigen auch die meisten anderen Gebäude des Städtchens. Izamal wurde vermutlich im 5. Jh. als Mayasiedlung gegründet; Spuren von vier *sacbeob*, die in der Stadt zusammentreffen, finden sich außerhalb des Orts. Nach der Eroberung errichteten die Spanier bereits Mitte des 16. Jhs. das große Kloster und die Straßenzüge des heutigen Zentrums. Izamal nennt sich gern *Ciudad de las Tres Culturas* („Stadt der drei Kulturen"), da mehrere Pyramiden der Mayakultur und das Kloster der Spanier von einem zwar modernen, doch behutsam im Kolonialstil errichteten Ortszentrum umgeben sind.

SIGHTSEEING

CONVENTO SAN ANTONIO DE PADUA

1553 ließ ein spanischer Missionar den Mayatempel des Gottes der Schöpfung zerstören und an seiner Stelle ein Kloster mit einem gigantischen Atrium errichten, einem 8000 m² großen Hof, der von 75 Bögen umgeben ist. In der Klosterkirche *Nuestra Señora de Izamal* (auch *de la Concepción Inma-*

culada) an der Ostseite des Atriums ist der barocke, komplett mit Blattgold überzogene Altaraufsatz einen Blick wert. Von Mo bis Sa findet abends im Hof die Ton-und-Licht-Show *La Luz de los Mayas* statt. *Tgl. 5.30–20, Museum ab 9 Uhr | zwischen den Calles 31/33 und 28/30*

KINICH KAKMÓ

Diese eindrucksvolle Pyramide ist mit 35 m zwar nicht die höchste, doch mit einer Plattform von 193 × 171 m die größte in Yucatán. Da die Stufen weitgehend restauriert wurden und die Treppe hier nicht so steil ist, klettert man früh oder vor Sonnenuntergang hinauf und genießt den schönen Blick auf Stadt und Klosteranlage. *Tgl. 8–18 Uhr | Calle 28/Calle 27*

ESSEN & TRINKEN

KINICH

Eine *sopa de lima* und danach *pollo pibil:* Was unter dem luftigen *palapa*-Dach neben der Pyramide auf weißen, gestärkten Tischtüchern serviert wird, schmeckt besser als in manchem Sternerestaurant. Unbedingt als Dessert die kandierte Papaya bestellen, die mit einem Käsesoufflé serviert wird! *Calle 27 Nr. 299 | Tel. 01988 9 54 04 89 | restaurantekinich.com | €€*

INSIDER-TIPP
Papaya in extravaganter Begleitung

SHOPPEN

HECHO A MANO

Nicht alles ist hier von Hand gemacht („hecho a mano"), aber dafür originell und geschmackvoll. Besitzer Hector Garza und Jeanne Hunt holen ihre Schätze aus dem ganzen Land. Echt süß sind die kunterbunten, aus Stoffresten und Wolle gearbeiteten Puppen und Tiere. Es gibt ganze Zoos. Eine gute Alternative zu den üblichen Souvenirläden. *Calle 31 Nr. 308*

INSIDER-TIPP
Krokodil gefällig?

MÉRIDA

(M3) **Die wohlhabende Kolonialstadt (1,3 Mio. Ew.) ist Kapitale und wirtschaftliches wie kulturelles Zentrum des Bundesstaats Yucatán.**

Hier versteht man es, zu feiern und das Leben zu genießen – und das in schönster Umgebung, nämlich auf den vielen romantischen Plazas. Während auf der einen Seite des Platzes

WOHIN ZUERST?

Plaza Mayor: An der Plaza Mayor, dem Stadtzentrum, stehen die Topsehenswürdigkeiten: Kathedrale, Museo Macay, Casa de Montejo, Palacio de Gobierno. Hier sind alle Straßenparkplätze besetzt, doch findet man in fast jedem Block ein *estacionamiento público* mit Gebühren von 10 bis 20 Pesos pro Stunde. Der ADO-1.-Klasse-Busbahnhof CAME liegt in der Calle 70 zwischen den Straßen 69 und 71, 2 x 3 Blocks südwestlich der Plaza Mayor.

Die Türme der Kathedrale San Ildefonso: markanter Blickfang über der belebten Plaza Mayor

die Trompeten einer *mariachi*-Kapelle und wehmütiger Gesang über Leid und Liebe den Zuhörern fast die Tränen in die Augen treiben, spielen gegenüber einige Mayas leise Töne auf der Marimba, einem xylofonähnlichen Instrument. Dazwischen rennen Kinder, bieten Luftballon- und Eisverkäufer ihre Schätze an, genießen die Menschen *enchiladas* und Zuckerwatte.

Und nirgendwo sonst auf der Halbinsel siehst du so viele prächtig restaurierte Stadtpaläste – mit dem Handel von Sisal wuchs die Stadt zwischen 1880 und 1920 zu einer der reichsten Metropolen der Welt –, so schöne Alleen, Patios und Arkadengänge. Zahlreiche historische Bauwerke beherbergen heute Restaurants, Hotels und Museen. Méridas hervorragende touristische Infrastruktur, die koloniale Atmosphäre und die zahlreichen sehenswerten Orte der Umgebung lohnen einen mehrtägigen Aufenthalt.

SIGHTSEEING

PALACIO DEL GOBIERNO

Der Regierungspalast zeigt im ersten Stock mehrere Wandgemälde von Fernando Castro Pacheco. Berühmt ist das riesige Gemälde „Die Hände des Henequén-Arbeiters" im naturalistischen Stil, ein Hinweis auf die mitunter sklavenähnlichen Arbeitsbedingungen der Plantagenarbeiter. Von den Balkonen des Palasts genießt man einen vorzüglichen Blick über den Platz zur Kathedrale. *Mo–Fr 9–16 Uhr | Nordseite der Plaza Mayor | ⏲ 30 Min.*

CATEDRAL SAN ILDEFONSO

Die 40 m hohen Türme der 1598 geweihten Kathedrale überragen das ge-

Überraschend schlicht präsentiert sich Méridas Kathedrale San Ildefonso im Inneren

samte Stadtzentrum. Das 90 m lange Mittelschiff wirkt heute eher karg, da die prachtvollen Silber- und Golddekorationen in Kriegen und Revolution abhanden kamen. *Ostseite der Plaza Mayor*

CASA DE MONTEJO

Schon stark, was sich hinter den Fassaden verbergen kann. Doch hier ist das kein Wunder, schließlich gehörte der Palast dem Gründer von Mérida, Francisco de Montejo. Auch heute noch ist hier Geld zu Hause, allerdings in Form einer Bank. Die lässt Besucher gern in einige der Räume und das angeschlossene Museum. *Di–Sa 10–19, So 10–14 Uhr, kostenlose Führungen Di–Sa 11, 13, 17, So 11 und 13 Uhr | Südseite der Plaza Mayor | 30 Min.*

MUSEO DE LA CIUDAD DE MÉRIDA

Sisalbarone, Haciendas, Paläste: Die Geschichte der einst wohlhabenden Stadt wird in vier Sälen präsentiert. Ein stiller Ort, an dem Bilder und Objekte die Vergangenheit offenlegen. Wenige Touristen, stattdessen genießen mexikanische Schulklassen und Einwohner hier Kultur. *Di–Fr 9–18, Sa/So 9–14 Uhr | Calle 56 Nr. 529 zwischen Calle 65 und 65a | 45 Min.*

MUSEO DE ARTE POPULAR

Eine schöne Zusammenstellung yucatekischer Volkskunst – neben Sisalprodukten, Körben und Hängematten findest du auch handbemalte Puppen aus Pappmaché sowie Trachten und Kunsthandwerk aus anderen mexikanischen Bundesstaaten. Im Museumsshop kannst du viele Produkte sehr günstig erwerben. *Di–Sa 9.30–18.30, So 9–14 Uhr | Calle 50 Nr. 487 | 1 Std.*

MUSEO DE ANTROPOLOGÍA

Fundstücke aus prähistorischer Zeit sowie aus unterschiedlichen Epochen der präkolumbischen Mayakultur: Keramik, Stelen, Skulpturen, Grabbeigaben und Schmuck, das Ganze ausgestellt im prächtigen *Palacio Cantón*. Von besonderem Reiz ist das Aufeinandertreffen von eitler, kolonialer Prachtarchitektur und den archaisch wirkenden Formen der ausgestellten Objekte, die gerade durch ihre Schlichtheit und reduzierte Ästhetik inspirieren. *Di–So 8–17 Uhr | Paseo de Montejo/Calle 43 | palaciocanton.inah.gob.mx | 1 Std.*

GRAN MUSEO DEL MUNDO MAYA ★

Hier führt kein Weg dran vorbei: Das außerhalb des Zentrums gelegene Museum ist Weltklasse. Schau genau hin, dann erkennst du, dass das hypermoderne Bauwerk Ästen und Blättern eines Ceibabaums nachgebildet ist, der den Mayas als heilig galt. Nimm dir ein paar Stunden Zeit: Die tolle, phantasiereiche Gestaltung der Hallen, die ausgestellten Objekte (über 1000 Stück!), Filmchen und Präsentationen nehmen gefangen – auch, weil hier zur Abwechslung mal die Mayas von heute im Mittelpunkt stehen. Neben einer Ausstellung schöner Mayatrachten werden im Saal altertümliche Küchengeräte und Spielsachen gezeigt, die die Mayas noch heute herstellen. Andere Säle rücken u.a. kultische Riten in den Fokus. Ein tolles Detail: Neben spanischen und englischen Hinweisen gibt es auch Beschriftungen in der Sprache der Mayas. *Mi–Mo 9–17 Uhr | Calle 60 Norte 299e | granmuseodelmundomaya.com.mx | 1½–2 Std.*

INSIDER-TIPP
Museumssprache: Maya

Gran Museo del Mundo Maya: spektakuläre Architektur und ein modernes Konzept

Restaurierte Stadtpaläste, Arkadengänge und Alleen: charmantes Mérida

TURIBÚS
Ein offener Doppeldeckerbus verkehrt vom Zócalo aus alle 45 Minuten zu den wichtigsten Sehenswürdigkeiten der Stadt, an sieben Haltestellen kann man nach Belieben ein- und aussteigen. *Tgl. 9–21 Uhr | Fahrtdauer insgesamt 1¾ Std. | 120 Pesos*

ESSEN & TRINKEN

LOS ALMENDROS
Eine Institution: Seit 1962 gibt es hier beste yucatekische Gerichte. *Calle 57 zwischen Calle 50 und Calle 52 | Tel. 01999 9 28 16 67 | restaurantelosalmendros.com.mx | €€*

CAFÉ PEÓN CONTRERAS
Stimmungsvolles, ruhiges Straßencafé neben dem gleichnamigen Theater und der Kirche Tercera Orden, in dem du rund um die Uhr gutes yucatekisches Essen erwarten kannst. *Calle 60 Nr. 490 zwischen Calle 57 und 59 | Tel. 01999 9 24 70 03 | €€*

APOALA
Stylishe Adresse in Méridas Trendviertel beim Parque Santa Lucía. Ob Tintenfischragout im Bananenblatt oder yucatekische *tamales:* Hier wird unter den Arkaden beste landestypische Küche serviert. Als Einstimmung gönnt man sich den Cocktail des Tages. *Calle 60 Nr. 471 zwischen Calle 53 und 55 | Tel. 01999 9 23 19 79 | apoala.mx | €€*

POLA GELATO SHOP
Eine Kugel Zimt mit kandierter Ananas oder Banane mit Hibiskus? In Méridas bester Eisdiele hast du die Qual der Wahl. Kalorienmäßig kaum zu Buche schlägt das so leckere wie ungewöhnliche Sorbet aus Gurke mit Limettensaft! *Calle 55 zwischen Calle 62 und 64 | polagelato.com*

INSIDER-TIPP
Pepino con limón

MANIFESTO

Ein Erfolgsrezept: Die drei Inhaber stammen aus Kalabrien, ebenso wie die chromglänzenden Espressomaschinen. Verwendet und an Ort und Stelle geröstet werden Bohnen aus Guatemala, Chiapas und Costa Rica. *Die* Adresse für Méridas besten Cappuccino, dazu in behaglich gestyltem Retroambiente. *Calle 59 Nr. 538 zwischen Calle 66 und 68 | manifesto.mx*

SHOPPEN

Unterwegs auf dem Paseo de Montejo begegnen dir immer wieder indianische Händlerinnen, die handgewebte und bestickte Trachtenblusen, prächtige Tücher und andere liebevoll gefertigte Handarbeiten verkaufen. Vermeide es, die ohnehin günstigen Preise zu stark zu drücken, denn hier unterstützt du die Richtigen!

CASA DE LAS ARTESANÍAS ☂

Die Mischung machts: staatlicher Laden im alten Stadtpalast mit einer Auswahl ausgefallener Produkte mit der Vielfalt des mexikanischen Kunsthandwerks, und das alles zu günstigen Preisen. *Calle 63 zwischen Calle 64 und Calle 66 | artesanias.yucatan.gob.mx*

MERCADO MUNICIPAL LUCAS DE GÁLVEZ

Aufs Portemonnaie aufpassen und dann nichts wie los und durch die Gänge flanieren! Dieser übervolle Markt ist ein echtes Erlebnis: Neben Gewürzen, Kräutern, Obst und Gemüse, Ledersandalen oder Tortillas im 100er-Pack gibt es hier an jeder Ecke auch tolle, von Mayafrauen betriebene Essensstände. Frag nach den Tacos, die gefüllt sind mit *cochinita pibil,* dem stundenlang mit Gewürzen und Zitronensaft im Erdofen geschmorten Schweinefleisch. *Calle 67, Ecke Calle 56a*

INSIDER-TIPP
Slow Cooking fürs Fast Food

SPORT & SPASS

ECOTURISMO YUCATÁN

Hier kannst du tolle Touren buchen oder mit dem Fahrrad in kleinen Gruppen die Umgebung erkunden. § Für Familien mit Schulkindern gibt es Ausflüge zu den Flamingokolonien und aufregende Kajaktouren durch die Mangrovenwälder. *Calle 3 Nr. 235 (Colonia Pensiones) | Tel. 01999 9 20 27 72 | ecoyuc.com*

AUSGEHEN & FEIERN

Obligatorisch ist die tägliche *hora feliz,* die Happy Hour, zu der sich alle auf den Plätzen treffen. Anschließend zieht man weiter in alteingesessene *cantinas* oder hippe Clubs. Montags ab 21 Uhr trifft man sich auf der *Plaza Mayor* zu kostenlosen Konzerten und Volkstänzen, donnerstags ab 21 Uhr im *Parque Santa Lucía* zu Serenaden und Tanz. Mitreißend ist die Stimmung jeden Samstag, wenn beim Straßenfest *El Corazón de Mérida* auf der Plaza Grande auch die Besucher zu tanzen beginnen, man sich bei *Mariachi-* und Marimbamusik zuprostet und die Atmosphäre genießt.

Neben einer riesigen Flamingokolonie gibt es in Celestún auch Pelikane zu bestaunen

EL CARDENAL

Eine *cantina,* die es in sich hat: Seit 1915 trifft man sich hier auf ein Bier, tanzt zu den mitreißenden Klängen der Musiker und isst eine Kleinigkeit. Bestell den einzigartigen *Tepeztate-Mezcal:* Die Betreiber wissen, warum sie den als „Secreto Nacional" anpreisen! *Calle 63, Ecke Calle 70 | cantinamerida.com*

INSIDER-TIPP
Staatsgeheimnis zum Trinken

RUND UM MÉRIDA

7 DZIBILCHALTÚN

25 km nördlich von Mérida/30 Min. über die MEX 261

Friedlich und absolut still: In dieser archäologischen Anlage bist du weitgehend ungestört und kannst dich ganz der besonderen Atmosphäre hingeben. Dzibilchaltún („Schrift auf flachem Stein"), eine der ältesten und größten Mayastätten, stammt aus der vorklassischen Zeit und war bei der Ankunft der Spanier noch besiedelt. Die weitläufige Anlage umfasste auf 16 km² rund 8400 Gebäude, ausgegraben wurde jedoch nur das 3 km² große Zentrum. Innerhalb der Anlage wurden zwölf *sacbeob* entdeckt, 15 m breite, steinerne Straßen, bis zu 1 km lang, die überwiegend ins Zentrum führen. Von dieser Plaza Mayor verläuft eine 425 m lange *sacbé* ostwärts zum hervorragend restaurierten *Templo* (oder *Pirámide*) *de las Siete Muñecas* („der Sieben Puppen"). Die sieben kleinen Tonfiguren, die hier auf einem Altar gefunden wurden, befinden sich heute im archäologischen Museum von Mérida. Dieser Tempel zieht zu den

Tagen der Tagundnachtgleiche im März und September viele Besucher an, wenn der Ost- und der Westeingang des Bauwerks bei Sonnenaufgang effektvoll illuminiert werden. Das kleine, schön gestaltete *Museo de las Mayas* zeigt lokale Fundstücke. Dzibilchaltún überzeugt auch als Naturparadies: Da die Umgebung geschützt ist, gedeihen hier zahlreiche seltene Pflanzen, Dutzende Vogelarten sowie Reptilien leben in dem Gebiet. Sogar einen türkisfarbenen *cenote* gibt es in der Stätte: *Xlakah* heißt er und eignet sich für eine kurze Erfrischung. Seerosenteppiche bedecken den 40 m tiefen *cenote* an der Plaza Mayor, sogar endemische, vom Aussterben bedrohte Fische wurden hier entdeckt. *Tgl. 8–16.30 Uhr | 2½ Std. | M2*

INSIDER-TIPP
Abtauchen zwischen Pyramiden

8 PROGRESO

40 km nördlich von Mérida/40 Min. über die MEX 261

Yucatáns wichtigster Hafen (56 000 Ew.) diente dem Sisalexport und wurde dadurch reich. Endlos scheint sich die 2 km lange, 9 m breite Pier vom weißen Strand durchs flache Wasser hinaus ins Meer zu ziehen. Große Schiffe können sogar 6,5 km vor der Küste anlegen, denn von der Pier führt ein weiterer, 4,5 km langer Viadukt zum Tiefseehafen. An der *Playa Puerto Progreso* merkt man, wie schön auch der Golf von Mexiko sein kann: Ein breiter Strandabschnitt mit puderzuckerfeinem weißem Sand stellt selbst Hardcore-Karibikfans auf die Probe.

An der langen Strandpromenade liegen nette Restaurants und Cafés. Hier verbringen die Bewohner Méridas gern ein paar ruhige Ferientage. Progreso besitzt daher viele Hotels und Pensionen, in denen man günstig wohnen kann. Beliebter Treffpunkt, an Wochenenden oft mit Musik und Bands, ist *Eladio's Bar (Calle 80, Ecke Calle 19 | Tel. 01999 9 25 07 67 | eladios.com.mx | €€)*. Auch wenn die Tische in der ersten Reihe an der Promenade meist besetzt sind und du weiter hinten Platz nehmen musst: Hier steht so schnell keiner wieder auf. Die Atmosphäre ist toll, es gibt leckere Cocktails und üppige Salate. Ein Renner sind die Kokosnuss-Shrimps mit Mango-Chutney.

INSIDER-TIPP
Fruchtig-exotisches Seafood

Ein kurzer Bootstrip *(Boote ab MEX 27, Ecke Calle 46)* bringt dich ins kleine Naturschutzgebiet *El Corchito* inmitten von Mangroven und mit mehreren *cenotes*, in denen du schwimmen kannst. Auf den Wegen dazwischen tummeln sich Waschbären und jede Menge Leguane, es gibt Bänke, an denen man ausruhen und etwas trinken kann. Wichtig: Crem dich vorher ein – die Mitnahme von Sonnenschutzmittel ist untersagt! *M2*

9 CELESTÚN

100 km westlich von Mérida/1½ Std. über die MEX 281

Das Hafenstädtchen besitzt kilometerlange Naturstrände, von Kokospalmen gesäumt und zum Teil völlig unberührt. Zahlreiche Fischrestaurants am Strand und im Ort bereiten den Fang des Tages zu. Attraktion der Region ist das Naturschutzgebiet ★ *Parque Natural del Flamenco Mexicano de Celestún,* in dem eine große Flamingokolonie zu Hause ist. Die ca. 25 000 Vögel nisten in Mangrovenwäldern. Wenn sich die rosa Tiere mehrmals am Tag wie auf Kommando gemeinsam in die Luft erheben, ist das ein beeindruckendes Erlebnis. Guides bieten Touren mit dem Motorboot in die Lagune und den Meeresarm Río Esperanza an. Auf Wunsch wird die Vogelinsel *Isla de los Pájaros* angesteuert, wo auch andere Wasservögel wie Kormorane, Pelikane, Fregattvögel, Seidenreiher und Ibisse beobachtet werden können. Ein Bus nach Celestún fährt stündlich vom *Busterminal Noreste (Calle 50 Nr. 531 zwischen Calle 65 und 67)* in Mérida. Eine der Spitzenadressen der Region sind das Restaurant und die Bar *El Santuario* des *Eco Paraíso (Xixim | Camino Viejo a Sisal km 9,5 | Tel. 01988 9 16 20 60 | ecoparaiso.com | €€)* 9 km nördlich von Celestún mit einer schicken und dennoch lässigen Atmosphäre. Hier kannst du bei einem Sundowner mit Blick auf den Golf von Mexiko den Abend starten. *K3*

10 HACIENDA YAXCOPOIL

35 km südlich von Mérida/40 Min. über die MEX 180 und MEX 261

Diese Gebäude und Räume kommen dir irgendwie bekannt vor? Kann schon sein, denn einige der alten Sisalplantagen in der Umgebung von Mérida sind heute heiß begehrt bei Modefotografen für Shootings und als Filmkulisse. Beispielsweise Yaxcopoil, noch heute im Besitz der alten Eigentümerfamilie. Du kannst über das Gelände und durch den gewaltigen Garten spazieren und die romantische, leicht dekadente Stimmung in dich aufnehmen.

An den einstigen üppigen Lebensstil von Don Donaciano und seiner Frau Mónica Galera im 19. Jh. erinnern das mit Antiquitäten und Ölgemälden ausgestattete Hauptgebäude und ihr Swimmingpool, damals noch eine echte Sensation. So mancher würde sich anschließend am liebsten für ein paar Tage im Gästehaus der Hacienda einquartieren, doch nicht schlecht ist auch der Besuch in der kleinen Bar, in der du hausgemachte Kuchen bekommst. *Mo–Fr 9–18, Sa 9–16, So 9–14 Uhr | yaxcopoil.com | M3*

20 000 steinerne Quader schmücken das Fries an Uxmals Palacio del Gobernador

11 HACIENDA TEMOZÓN ★

50 km südlich von Mérida/50 Min. über die MEX 180 und MEX 261

Eine knappe Stunde südlich liegt diese von wundervollen Gärten umgebene, detailgetreu restaurierte Hacienda aus dem 17. Jh. Eine breite Treppe führt vom Park hinauf zur Kapelle mit drei Eingängen. Einer der beiden Glockentürme ist erhalten geblieben. Die ocker und rotbraun gestrichenen Gebäude besitzen von Säulen gestützte Terrassen, große Pflastersteine bedecken den Hof, der Pool passt sich in die Landschaft ein. Der Ausflug lässt sich mit einem Besuch des stilvollen Restaurants verbinden, sofern man sich nicht gleich in der Hacienda einquartiert. Du speist auf einer großen, schattigen Terrasse mit Blick auf Park und Pool. Eine Delikatesse ist das Ceviche vom Oktopus als leichte Vorspeise. *Temozón Sur Abalá | Ctra. Mérida–Uxmal km 182 | Tel. 01999 9 23 80 89 | thehaciendas.com* | €€€ | *M3*

12 UXMAL ★

85 km südlich von Mérida/1¼ Std. über die MEX 180 und MEX 261

Nach Sonnenuntergang nehmen die Besucher auf der Holztribüne Platz und schauen auf Pyramiden und Bauwerke, die jetzt in einem violett-bläulichen Licht erstrahlen. Nachdem die Musik verklungen ist, erzählt eine Stimme die tragische Liebesgeschichte des Prinzen von Uxmal, der die Prinzessin von Mayapán heiraten sollte.

Da diese aber einen anderen Herrscher liebte, der sie entführte, kam es zum Krieg zwischen den Mayastädten und schließlich zu ihrem Untergang. Klingt bewegend, ist aber nur Legende. Bei der abendlichen *Luz-y-Sonido-Show (Sommer 20, Winter 19 Uhr, auch in Deutsch)* gibt es tolle Geschichten und noch mehr Sinneseindrücke, ideal zur Einstimmung auf den nächsten Tag.

Gleich nachdem sich der Frühnebel gelichtet hat, der Uxmal („die dreimal Gebaute") in der Morgendämmerung in milchiges Licht taucht, geht die Sonne auf und beleuchtet die steinernen Dekorationen der Tempel und Paläste. Am Eingang der *archäologischen Stätte (tgl. 8–17 Uhr | 3 Std.)* findest du ein kleines Museum, Toiletten, ein Restaurant und Souvenirläden. Am besten lässt du dir mehrere Stunden Zeit für die Besichtigung der Gebäude, die allesamt während der klassischen Mayaepoche (500–900) entstanden sind. Bald nach dem Passieren des Eingangs stößt du auf die *Pirámide del Adivino* (des Wahrsagers), auch *del Enano* (des Zwergs) genannt, die in die Unescoliste des Welterbes aufgenommen wurde. 37 m hoch und in seltener ovaler Form, wurde sie insgesamt viermal überbaut, fünf verschiedene Tempel finden sich in dem Bauwerk. Der älteste liegt am Fuß der Pyramide, zwei weitere in ihrem Inneren. Der jüngste und am besten erhaltene Tempel krönt die Spitze, ein weiterer, reich dekorierter Bau schließt sich direkt unterhalb an. Das westlich gelegene *Cuadrángulo de las Monjas* (Viereck der Nonnen) umfasst einen 65 × 45 m großen Innenhof. Die umgebenden Gebäude weisen gut erhaltene Masken des Chac und der Gefiederten Schlange sowie Tierfiguren und stilisierte Mayahütten auf.

Verlässt man die Anlage durch einen Bogeneingang am Südbau, gelangt man zum Ballspielplatz und weiter zur

PELOTA

Zu einem präkolumbischen Zeremonialzentrum gehörte in der Regel ein Ballspielplatz: Totonaken, Mayas, Zapoteken, Azteken – sie alle huldigten dem rituellen Spiel. Der Platz hatte die Form eines doppelten T, an den seitlichen Begrenzungsmauern waren zwei steinerne Ringe von etwa 50 cm Durchmesser angebracht. Zwei Mannschaften mit je drei bis sieben Spielern hatten die Aufgabe, einen Kautschukball mit Schultern, Knie, Ellbogen, Rumpf und Hüfte (offenbar nicht mit der Hand oder dem Fuß) in der Luft zu halten, ohne dass er die Erde berührt, und durch den Ring zu stoßen. Man findet viele unterschiedliche Interpretationen zu der Funktion und den Regeln des Spiels. Teilweise wird angenommen, dass der Ball die Sonne symbolisierte. Jedoch sind die Bedeutung und die meisten Details des Spiels bis heute unklar geblieben, darunter zum Beispiel auch, wie das Spiel endete.

Außergewöhnliche Form: Die Pyramide des Wahrsagers in Uxmal ist oval

Casa de las Tortugas (Haus der Schildkröten). Das 10 × 30 m große, erhöht auf einer Plattform ruhende Gebäude ist von einem Fries aus steinernen Schildkröten umgeben. Schließlich gelangt man zu Uxmals schönstem Bauwerk, dem *Palacio del Gobernador* (Palast des Gouverneurs), um 900 als Residenz für König Chac von Uxmal erbaut. Das schon durch seine gewaltigen Dimensionen (100 × 12 m) beeindruckende Bauwerk setzt sich zusammen aus einem mittleren und zwei Seitenbauten, verbunden durch zwei Kraggewölbe. Auffällig ist der oberhalb der elf Eingänge vorspringende, 3 m hohe Fries, zusammengesetzt aus 20 000 Steinquadern, die geometrische Muster bilden. Erhalten sind auch zahlreiche der einst 150 Masken des Regengotts Chac: Da es in Uxmal keine *cenotes* gab und man daher vom Wasser der Regenzeit abhängig war, verehrte man den rüsselnasigen Chac hingebungsvoll.

Wer mit Kindern unterwegs ist, darf die *Choco-Story (tgl. 9–19.30 Uhr | MEX 261 neben dem Hotel Hacienda Uxmal | choco-storymexico.com)* nicht auslassen, ein Museum, das sich auf sechs Stationen verteilt der Herstellung von Kakao und Schokolade widmet. Statt ins Musuem kannst du auch im kleinen Laden handgefertigte Schokoladen probieren und natürlich auch kaufen.

INSIDER-TIPP
Nicht ohne meine Schoki!

Ein kleines Erlebnis ist der Besuch im Bar-Restaurant des Hotels *The Lodge at Uxmal (Tel. 01998 8 87 24 95 | mayaland.com | €€–€€€)*, am Eingang der Ruinenstätte. Hier fühlst du dich wie die alten Entdecker von Uxmal. Bei einem kalten Sol und yucatekischen

Ein Traum in Pink dank suggestiver Lichtregie: Grutas de Loltún

Spezialitäten genießt du die besondere Atmosphäre zwischen Agaven und Palmen am Pool. *M4*

13 KABÁH

105 km südlich von Mérida/1½ Std. über Uxmal

An der Puuc-Route – sie umfasst Zeremonialanlagen der Mayas, die im sogenannten Puuc-Stil der klassischen Epoche erbaut wurden – liegt auch Kabáh. Vor allem die Mosaiken aus Kalkstein, die als Dekorationen der Gebäude angebracht wurden, werden in Kabáh bewundert. Das Bauwerk *Codz Pop* („gerollte Strohmatte") wurde von den Spaniern *Templo de las Máscaras* (Tempel der Masken) genannt. Seine 46 m lange und 6 m hohe Fassade zieren 250 Masken des Regengotts Chac sowie eingerollte Strohmatten im Chenes-Stil. Bei einigen der Masken ist die Rüsselnase gut erhalten. Östlich des Codz Pop steht das *Teocalli* (Haus des Gottes), dessen Wände Säulenreihen schmücken. Im Abschnitt auf der anderen Seite der Straße liegt der *Arco de Kabáh* (Bogen von Kabáh), ein Kraggewölbe ohne Dekoration, bei dem die 15 km lange Prozessionsstraße *(sacbé)* nach Uxmal beginnt. *Tgl. 8–17 Uhr | 1½ Std. | M5*

14 LABNÁ

120 km südlich von Mérida/1¾ Std. über Kabah

Ein steinerner Torbogen machte diese archäologische Stätte berühmt. Vom Eingang im Norden der Anlage erreichst du zunächst den *Palacio*. Der zweistöckige Palast zeigt steinerne Friese mit einer ungewöhnlichen Dekoration: Mondphasen, Stürme, Unwetter sowie – ganz oben – eine Gottheit, die sich in den Klauen einer Eidechse befindet. An einer Ecke des

Frieses steckt ein Menschenkopf im geöffneten Schlund einer Schlange. Eine erhöhte *sacbé* führt 170 m südlich zum Bogen von Labná, Reste des Straßenbetts und ihr Verlauf sind noch gut zu erkennen. *El Arco* mit einem perfekten Kraggewölbe ist im unteren Teil ohne Dekoration, oberhalb eines Simses in der Mitte dagegen reichhaltig verziert. Der Fries der Westfassade zu beiden Seiten des Durchgangs besitzt als Hintergrund ein Gitterwerk sowie ein Muster aus stilisierten Mayatempeln und -häusern. Die östliche Fassade ist mit geometrischen Mustern dekoriert, vor allem Mäander und Quadrate. Der Bogen zeigt an einigen Stellen Reste seiner ursprünglichen ockerfarbenen Bemalung. *Tgl. 8–17 Uhr* | *1½ Std.* | *M5*

15 GRUTAS DE LOLTÚN

115 km südlich von Mérida/1½ Std. über die MEX 184

Bei Oxkutzcab liegen die mehrere Kilometer langen und bis zu 30 m hohen „Höhlen der Steinblume". Sie zeigen Spuren, darunter Werkzeuge, denen zufolge sich bereits vor der Zeitenwende Menschen dieser Unterkunft bedient haben. Ein Teil der Höhlen ist beleuchtet und kann besichtigt werden. Man entdeckt Reste von Wandmalereien sowie Keramik. Nach dem Eingangsbereich betritt man die *Sala de Visitantes,* die Halle der Besucher, in der eine Quelle sprudelt. An diese schließt sich *La Catedral* an, eine Halle von mehr als 20 m Höhe, in der zwei hohe Kalksäulen stehen, die die Namen Lol und Tun tragen. Nähere Hinweise auf die Nutzung der Höhlen durch die Mayas erhielten die Forscher in der *Sala de las Tres Chimeneas* (Saal der drei Kamine) und der *Sala de las Inscripciones* (Saal der Inschriften, 100 m lang und 30 m hoch), in denen man Hieroglyphen an den Wänden fand. Hier empfiehlt sich der Besuch ausnahmsweise in der heißen Mittagszeit. *Tgl. 9.30–16 Uhr, geführte Touren zur vollen Stunde* | *2 Std.* | *N4–5*

SCHÖNER SCHLAFEN IN MÉRIDA & DEM NORDEN

PINK LADY

Drei rosafarbene, koloniale Stadtpaläste in Toplage an Méridas Prachtboulevard bilden das *Rosas & Xocolate (17 Zi. | Paseo de Montejo 480 | Tel. 01999 9242992 | rosasandxocolate.com | €€€):* ein extravagantes und junges Hotel, das gleichzeitig auf Tradition setzt. Besonders schön ist *Rosas Suite* mit antiken Fußbodenfliesen, offenem Bad und süßer Terrasse zum Paseo de Montejo.

IM URWALD

Frösche quaken, Papageien fliegen vorbei, die Gästebungalows sind mit Terrassen und Himmelbetten aus Riesenbambus ausgestattet: Mit dem phantasievoll designten *Hotel Oka'an (20 Zi. | MEX 180 km 122 | Tel. 01985 8510281 | hotelokaan.com | €€)* in absoluter Einsamkeit bei Chichén Itzá verwirklichte ein mexikanischer Architekt seinen Traum.

CAMPECHE & DER SÜDEN

UNGESCHLIFFENES JUWEL

Yucatán für Fortgeschrittene: Naturstrände voller Treibgut und Tang und ein Meer, das schon mal bräunlich-grau schimmert. Campeche und der Süden sind weiß Gott keine Badeziele.
Die Pfunde, mit denen hier gewuchert wird, sind andere: Als koloniale Hafenstadt und Unesco-Weltkulturerbe besitzt Campeche, die Metropole des gleichnamigen Bundesstaats, der den Südwesten der Halbinsel einnimmt, die größte und schönste Altstadt von ganz Yucatán – und ist mit seinen ungezählten Lokalen und Cafés, den

Stippvisite im Nachbarstaat Chiapas: die phantastisch erhaltenen Mayaruinen von Palenque

Boutiquen und kleinen, familiären Hotels in pastellfarbenen Stadthäusern doch alles andere als ein Freilichtmuseum.
Das Landesinnere hingegen: weitgehend wegeloses Terrain, inmitten undurchdringlicher Buschlandschaft liegen kleine Dörfer und kaum erforschte Mayastätten. Hier, an der Grenze zu Guatemala, geht das Leben der Bevölkerung seit Generationen ohne große Veränderungen zu. Bei den gewaltigen Mayapyramiden von Calakmul und Edzná bist du deshalb auch fast allein unterwegs.

CAMPECHE & DER SÜDEN

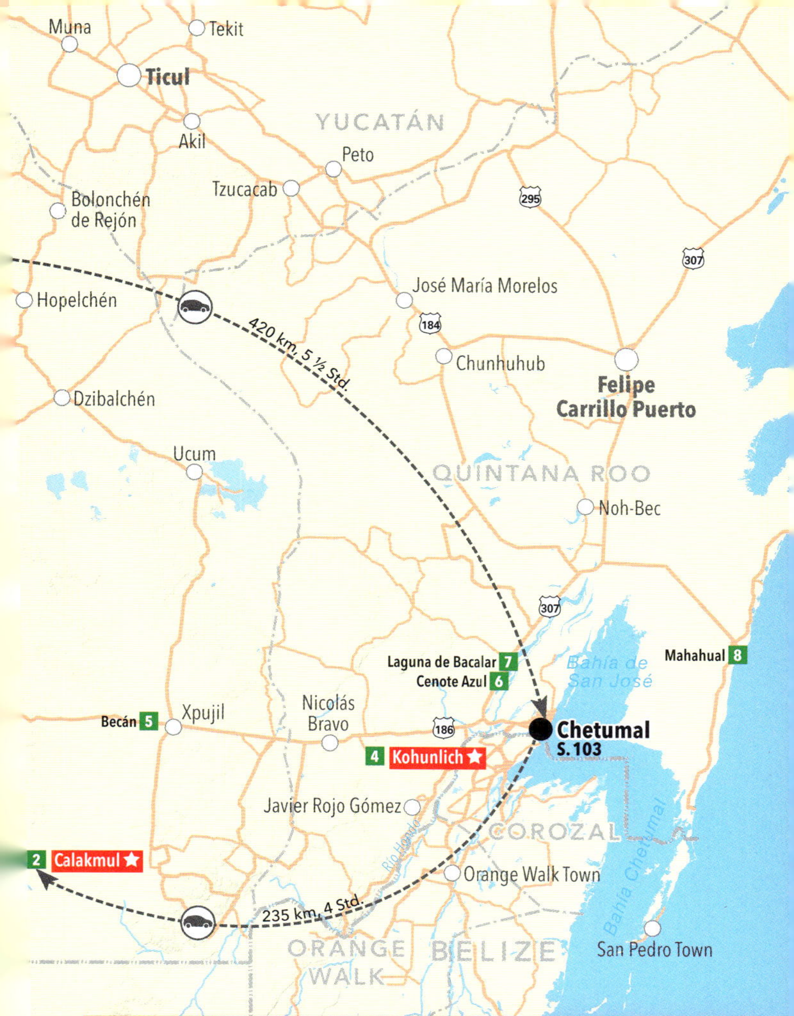

MARCO POLO HIGHLIGHTS

★ **CALAKMUL**
Regenwald mit Pyramiden: Wo die Mayas am liebsten siedelten ➤ S. 101

★ **EDZNÁ**
Inmitten des Dschungels fünf Mayastockwerke, die es in sich haben ➤ S. 100

★ **PALENQUE**
Die am besten erhaltene Mayastätte ganz Mexikos ➤ S. 102

★ **LUZ Y SONIDO „EL LUGAR DEL SOL" IN CAMPECHE**
Licht-und-Ton-Spiele auf den Bastionen: historische Szenen in suggestivem Ambiente ➤ S. 100

★ **KOHUNLICH**
Magisches, unerforschtes Zeremonialzentrum der Mayas und als Dreingabe gewaltige und geheimnisvolle Masken ➤ S. 105

CAMPECHE

(K6) **Seeräuberromantik und knallbunte Kolonialarchitektur, karibische Leichtigkeit und jede Menge Genuss prägen die wohl schönste Stadt Yucatáns: Das abseits der touristischen Hauptrouten gelegene Campeche (270 000 Ew.) ist in jeder Hinsicht eine tolle Überraschung.**

Einstöckige Stadtpaläste in Brombeerrot, Himmelblau und Lindgrün, mit schweren Holztüren und Fenstergittern ausgestattet: In der Unesco-geschützten und ausgiebig restaurierten Altstadt ist jedes Haus ein Kunstwerk und leuchtet in einer anderen Farbe. Besucher fasziniert diese Heile-Welt-Atmosphäre, die doch alles andere als steril daherkommt: In der ersten spanischen Gründung auf der Halbinsel Yucatán – die durch Ausfuhr von Edelhölzern und Gummi schnell zu Reichtum gelangt und damit für lange Zeit Ziel von Piratenattacken war – gibt es schöne, individuell gestaltete Cafés nd Restaurants, tolle Geschäfte und ausgefallene Boutiquehotels.

WOHIN ZUERST?

Plaza Principal (Plaza de la Independencia): Per Taxi oder Bus erreicht man vom 1.-Klasse-Busbahnhof den zentralen, oft auch *Parque* genannten Hauptplatz im *centro histórico*. Von dort sind die meisten Sehenswürdigkeiten zu Fuß zu erreichen und meist findet man dort auch einen Parkplatz.

8 km südlich der Stadt liegt die Playa Bonita, der weitere Strände folgen. Doch hauptsächlich Einheimische schätzen die Bademöglichkeiten an den naturbelassenen Stränden und die günstige Infrastruktur. Für viele Besucher ist Campeche nur Zwischenstopp auf dem Weg zu den bedeutenden Mayastätten. Schade, denn die geruhsame und freundliche Atmosphäre lädt geradezu ein, hier ein paar Tage zu verbringen.

SIGHTSEEING

CENTRO HISTÓRICO

Die Straßenzüge um die Plaza Principal bilden das historische Zentrum von Campeche mit spanischen Häuserreihen und ehrwürdigen Stadtpalästen. Hier schlendert man zu Fuß oder nimmt die im antiken Stil gehaltenen Touristenbähnchen *El Guapo* und *Tranvía* zu den Sehenswürdigkeiten. *Calles 51–65/Calles 8–18*

MUSEO DE ARQUITECTURA MAYA

Immer wieder faszinierend sind die in Stein gemeißelten Götter der Mayas, mit Hieroglyphen versehene, jahrtausendealte Stelen und Masken aus grünlich schimmernder Jade aus Calakmul. Wenn es draußen zu heiß wird, ist ein Rundgang durch die Museumsräume im historischen Fort besonders angenehm. *Di–So 8–17 Uhr | Calle 8/Calle 57 (Nordwestseite der Plaza Principal) | 1 Std.*

CENTRO CULTURAL CASA NO. 6

Safrangelbe Wände und weiße Verzierungen wie aus Zuckerguss: Der herr-

Museo de Arquitectura Maya in Campeche: enorme Jademasken aus Calakmul

schaftliche Patiobau war einst Wohnsitz einer wohlhabenden Familie. Heute kannst du durch die Räume mit Mobiliar aus dem 18. Jh. spazieren. Wie aus einem heutigen mexikanischen Landhaus wirken Anrichte und Tisch der behaglichen Küche, während andere Räume eher wie ein Antikladen anmuten. *Mo–Fr 8–21, Sa/So 9–21 Uhr | Calle 57 zwischen Calle 8 und 10 | ⏲ 30 Min.*

MANSIÓN CARVAJAL

Beliebt für Selfies: Der auffällige koloniale Stadtpalast besitzt eine reich verzierte Fassade, Marmortreppen und im Patio Galerien mit maurischen Bögen und Dekorationen aus Schmiedeeisen. Er beherbergt die Stadtverwaltung und ein Kunsthandwerksgeschäft. *Mo–Fr 8–19 Uhr | Calle 10 Nr. 14 zwischen Calle 51 und 53 | ⏲ 30 Min.*

JARDÍN BOTÁNICO XMUCH-HALTÚN

Süße Gerüche, Grüntöne in allen Nuancen, Blüten und gewaltige Blätter: Mehr als 200 Arten subtropischer Pflanzen erfreuen im Garten des Forts die Besucher. Besonders schön ist die Stimmung am späten Nachmittag, wenn das milde Sonnenlicht die Farben sehr weich erscheinen lässt. *Mo–Fr 8–21, Sa/So 9–21 Uhr | Baluarte de Santiago | Calle 49 | ⏲ 30 Min.*

MUSEO DE LA CIUDAD

Die Exponate des im Baluarte de San Carlos untergebrachten historischen Museums dokumentieren die Geschichte der Besiedlung am Golf von Mexiko, alte Fotografien geben Einblick in das Campeche zu Beginn des 20. Jhs. Ein weiterer Schwerpunkt widmet sich der Piratenepoche, in der Sir

Francis Drake und Henry Morgan vor der Küste kreuzten, bereit zum Angriff mit Kanonen und Säbeln. *Tgl. 10–19 Uhr | Calle 8/Calle 63 | 1½ Std.*

BALUARTE DE SAN FRANCISCO

In der kostenlosen Piratenausstellung in der mächtigen Bastion, die einst das Stadttor bewachte, werden Seeräuberträume wahr. Und anschließend startet man mit Mama und Papa den Beobachtungsgang über die anderen sechs Bollwerke, stets mit Blick aufs Meer. *Mo–Mi 8–21, Do/Fr 8–18, Sa/So 9–18 Uhr | Calle 18*

MUSEO ARQUEOLÓGICO DE CAMPECHE (MUSEO REGIONAL)

Fundstücke der Mayaepoche in elf Sälen des historischen Forts: Keramik, Figurinen, Stelen und Masken. Schau dir nach der Ausstellung noch das Fort und die umgebende Grabenanlage an! Toll ist auch der Blick aufs Meer. *Di–So 8.30–17 Uhr | Fuerte de San Miguel/Av. Escénica 3 km südl. des Zentrums | 1½ Std.*

INSIDER-TIPP
Zugbrücke hoch!

ESSEN & TRINKEN

Spezialität der Stadt sind *pan de cazón* (Haifischbrot) genannte Tortillas mit scharf gewürztem Püree vom Hundshai. Es ist aber besser, darauf zu verzichten: Die Tiere sind im Bestand bedroht und ihr Fleisch kann Quecksilber enthalten. Besser greifst du zu einer anderen Delikatesse: Tortillas mit *naccum* (Red Snapper), die mit einer würzigen grünen Sauce serviert werden.

MARGANZO

Mit dauerlächelnden, schick gekleideten Kellnern und kostenlosen Amuse-Bouches reichlich touristisch, jedoch: immer wieder gut! Die Gerichte sind köstlich und werden wie Kunstwerke präsentiert, die Drinks (Mango-Margarita!) sind eine Versuchung. *Calle 8 Nr. 267 | Tel. 01981 8 11 38 99 | €€*

CASA VIEJA DE LOS ARCOS

Über den Arkaden: Im ersten Stock genießt du vom Balkon einen tollen Blick auf die nach Sonnenuntergang eindrucksvoll beleuchtete Kathedrale und das abendliche Treiben auf dem Hauptplatz. Gute mexikanische Küche mit Klassikern der Region. *Calle 10 Nr. 319/Calle 55 | Tel. 01981 8 11 80 16 | casaviejacampeche.blogspot.de | €€*

LA PARROQUIA

Kultadresse für Einheimische, die hier rund um die Uhr günstig und gut essen. Mittags werden täglich zwei bis drei regionale Gerichte angeboten – stets die beste Wahl. *Calle 55 Nr. 8 | Tel. 01981 8 16 25 30 | €*

CHOCOL HA

Nimm Platz auf den Stühlen der Kopfsteinpflastergasse, umgeben von pastellfarbenen Palästen in der Altstadt! In dem entzückenden kleinen Café gibt es diverse exotische Kakaosorten und eine Auswahl an Gebäck. Ein tolles Mitbringsel – oder zum Gleich-selber-Genießen – sind die in kleinen Manufakturen hergestellten Schokoladen. *Calle 59 Nr. 30*

INSIDER-TIPP
Schlaraffenland für Schokoholics

Fisch mal nicht nur vom Grill, sondern auch als Flan oder im Teigmantel: La Pigua

LA GUARDIA

Romantischer kannst du in Campeche nicht essen als hier im Hotel Hacienda Puerta Campeche mit Blick auf jahrhundertealte Korallensteinmauern, den illuminierten Pool und die verwunschenen Gärten. Die Küche serviert internationale Gerichte mit yucatekischer Note. *Calle 18 Nr. 184 zwischen Calle 57 und Calle 59 | Tel. 01981 8 16 75 08 | €€€*

LA PIGUA

Seit Jahrzehnten das beste Fischrestaurant der Stadt, legendär ist die große Auswahl an Fisch, Hummer und Krabben und die vielfältige Zubereitung. Köstlich: *camarones al coco. Av. Miguel Alemán 179a zwischen Calle 49a und 49b | Tel. 01981 8 11 33 65 | lapigua.com.mx | €€€*

SHOPPEN

Vor allem Panamahüte und Hängematten werden von Straßenhändlern günstig angeboten. Verschaff dir einen Überblick in einem der Kunsthandwerksgeschäfte in der Altstadt, bevor du kaufst. Mayatrachten, handgemachte Puppen und traditionelle Handarbeiten werden täglich auf dem Markt vor dem Fuerte San Pedro und im Baluarte San Carlos verkauft.

CASA DE ARTESANÍAS TUKULNÁ

Hochwertiges Kunsthandwerk der Region im wunderschönen Ambiente eines Kolonialhauses: Panamahüte in diversen Farben und Modellen, Flecht- und Schmiedearbeiten, Holzschnitzereien sowie von Hand bestickte Blusen. *Calle 10 Nr. 333 zwischen Calle 59 und 61*

SPORT & SPASS

MALECÓN (SEASIDE WALKWAY)

Joggen, flanieren oder eine Runde auf dem Fahrrad: Die über 5 km lange Meerespromenade ist toll, wenn du dir frische Luft um die Nase wehen lassen willst. Am nördlichen Ende erwarten dich zudem einige nette *palapa*-Restaurants, ideal für eine Pause beim Sonnenuntergangsbummel.

STRÄNDE

In Campeche direkt gibt es keinen Strand. Zum Baden verlässt man die Stadt auf der alten Küstenstraße 180 südwärts Richtung Champotón. Nach 8 km erreichst du die *Playa Bonita* mit hellem, feinsandigem Strand und guter Infrastruktur. Du kannst eine Hängematte mieten oder in einem der einfachen Restaurants günstig essen.

AUSGEHEN & FEIERN

Mexikanische *serenatas* hörst und siehst du gratis jeweils um 19 Uhr in verschiedenen Stadtteilen von Campeche: Di in San Román, Mi in Santa Ana, Do in Guadalupe und Fr vor den Arkaden von San Francisco. e so richtig genießt. Kaum zu toppen, was Atmosphäre und Stimmung betrifft, ist der *Zócalo:* Von Mittwoch bis Sonntag hörst du hier nach Sonnenuntergang die besten Musikgruppen der Region.

LUZ Y SONIDO „EL LUGAR DEL SOL" ★

Das gehört zu jedem Campeche-Besuch dazu: Nach Sonnenuntergang nimmst du Platz beim landseitigen Stadttor und stimmst dich auf die Epoche der Seeräuber ein. Einbeinige Piraten und säbelschwingende Freibeuter tummeln sich auf den jahrhundertealten Bastionen, Schüsse fallen, aus den alten Kanonen ertönen gewaltige Schläge und alles ist in dramatisches Licht getaucht: Als Zuschauer erlebst du die wilde Zeit hautnah mit. *Do–So 20 Uhr | Puerta de Tierra (Calle 18/Calle 59)*

RUND UM CAMPECHE

1 EDZNÁ ★

55 km südöstlich von Campeche/ 50 Min. über Chiná und Nohacal

Die eindrucksvollen Mayaruinen von Edzná liegen inmitten der schwülheißen Buschlandschaft südöstlich von Campeche. Die archäologische Stätte gehört zur Chenes-Region, einer Gegend, die einen besonders ornamentreichen Baustil der Mayas aufweist. Den zentralen Platz beherrscht das *Edificio de los Cinco Pisos,* der Tempel der Fünf Stockwerke. Der gewaltige, 32 m hohe Bau liegt auf der zentralen Achse einer großen Akropolis. Die einzelnen Geschosse beherbergen eine Reihe von Kammern und sind so angeordnet, dass das jeweilige Dach als Terrasse des folgenden Stockwerks dient. Überwölbte Gänge schmücken die Fluchten der breiten Treppen.

An mehreren kleineren Tempeln wurden eindrucksvolle Stuckmasken frei-

gelegt. Diese Masken, die einst auch die *crestería* schmückten, den Dachkamm des Tempels der Fünf Stockwerke, gaben Edzná ihren Namen: „Haus der Masken". Die Wasserknappheit im heutigen Campeche stellte bereits für die Mayas ein Problem dar. In Edzná, wo es keine *cenotes* gab, legten sie ein System von seichten Kanälen an, das sternförmig über viele Kilometer hinweg verlief und das während der Regenzeit fallende Wasser speicherte.
Tgl. 8–17 Uhr | 2 Std. | L6

2 CALAKMUL ★

300 km südöstlich von Campeche/ 4¾ Std. über die MEX 180, MEX 261 und MEX 186

Du möchtest dich gern einmal so fühlen wie die frühen Mayaforscher und Entdecker? Dann auf nach Calakmul, dem Biosphärenreservat an der Grenze zu Guatemala, das die größte zusammenhängende Fläche von Regenwald in ganz Mexiko bildet.

Gewaltige Pyramiden und Tempel: Hier zeigte die einstige Supermacht, wozu sie in der Lage war. Während der Blütezeit der Mayas war Calakmul das bevorzugte Siedlungsgebiet dieses präkolumbischen Volks. Bislang wurden Hunderte von Baudenkmälern kartografiert, darunter die Ruine einer eindrucksvollen Pyramide. Die Stätte gehört zum Unesco-Welterbe und ist mit ihrer gewaltigen Ausdehnung von rund 70 km² auch einer der größten Mayastätten. Tukane und Papageien fliegen über die Baumkronen und meist bist du nahezu allein in der grandiosen Anlage, deren Pyramiden du noch besteigen darfst. Dafür nimmt man auch die etwas beschwerliche An- und Abreise gern auf sich.

Höchstes Bauwerk der *Gran Acrópolis* gleich beim Eingang ist die 45 m

Von der Pyramidenruine in Calakmul überblickst du den größten Tropenwald ganz Mexikos

Mitten im Urwald stehen in Palenque die besterhaltenen Pyramiden Mittelamerikas

hohe *Estructura II.* Erst von oben merkst du, wie gewaltig diese Pyramide ist, blickst auf Baumkronen und weitere Mayabauwerke hinunter. Wenn du die interessante *ruta media,* den mittellangen Rundweg, durchs Gelände wählst, bist du mindestens drei Stunden unterwegs. *Tgl. 8–17 Uhr | M10*

3 PALENQUE ★

360 km südwestlich von Campeche/ 5¾ Std. mit dem Bus

Mitten im Regenwald liegt an den Ausläufern des Usumacinta-Gebirges die legendäre *Mayastätte (tgl. 8–17 Uhr | 4 Std.).* Du erreichst sie außer von Campeche auch per Flug oder Bus von Cancún, Playa del Carmen, Chetumal und Mérida. Unmöglich zu sagen, was beeindruckender ist: die sich steil erhebenden Pyramiden mit den steingrauen Tempeln, deren älteste vor zwei Jahrtausenden erbaut wurden, oder der sie umgebende dichte Urwald. Auf einer neunstufigen Pyramide thront der *Templo de las Inscripciones* (Tempel der Inschriften), das berühmteste Bauwerk der Stätte, vermutlich im Jahr 692 errichtet. Im 20. Jh. entdeckte man bei Ausgrabungen einen mit Schutt angefüllten Gang in der Pyramide. Dieser führte im Inneren des Bauwerks nach unten bis unter die Erde in eine Grabkammer. In einem steinernen Sarkophag ruhten die Überreste des Priesterkönigs Pacal (615–683), des ersten großen Herrschers der Stätte, umgeben von Schmuck und angetan mit einer Jademaske.

Der Tunneleingang befindet sich auf der obersten Plattform. Deutlich zu erkennen sind in einem Tempelraum auch die 617 Hieroglyphen, die dem Gebäude seinen Namen gaben.
Das größte Bauwerk Palenques ist der *Palacio,* ein beeindruckender Komplex von 103 m Länge und 73 m Breite, zusammengesetzt aus unterschiedlichen Gebäudegruppen. Stufen führen auf allen Seiten zu diversen Plattformen, zu Innenhöfen und kleineren Tempeln. Auffällig ist ein 15 m hoher Turm mit vier Stockwerken. Das *Observatorium* genannte Bauwerk soll den Mayaastronomen zur Beobachtung der Sterne gedient haben.
Überquert man im Zentrum den Fluss Otulum, gelangt man unmittelbar auf der anderen Seite zu einer kleinen Plaza mit drei Tempeln. Der *Templo del Sol,* der auf fünf Terrassen thront, besitzt ein Relief mit dem Symbol des Sonnengotts. Eine gut erhaltene *crestería* – ein durchbrochener Dachaufbau, häufiges dekoratives Element der Bauwerke – ziert das Gebäude. Wegen der gewaltigen Ausdehnung der Stätte konnte bisher nur ein kleiner Teil freigelegt werden. Nördlich des Zentrums gelangt man durch dichte Vegetation zur *Gruppe C,* die gegenwärtig von Archäologen untersucht wird. Hier bist du fast allein; die Wege führen durch dichten Dschungel, aus dem helle Pyramiden und Tempel herausragen. Magisch!

INSIDER-TIPP
Ich bin dann mal weg

Etwa 2 km vor der archäologischen Stätte liegt das moderne *Museum* (mit Bibliothek, Cafeteria, Souvenirshop), das mit einem Modell der Anlage einen ersten Überblick gibt und Ausgrabungsfunde zeigt. Besucher wohnen in der etwa 8 km entfernten Stadt Palenque oder in einem der zahlreichen stimmungsvollen Hotels an der Straße zwischen der Ortschaft und der archäologischen Stätte. Vom Dorf verkehren ständig Kleinbusse zur archäologischen Stätte.
Die meisten Adressen besitzen nette Restaurants, in denen man den Tag bei einem Drink unter Palmen am Pool ausklingen lässt. Empfehlenswert ist z. B. die Terrasse des *Maya Tulipanes (La Cañada 6 | Tel. 01916 3 45 02 01 | mayatulipanes.com.mx | €€)* im tropisch-grünen Stadtteil La Cañada westlich des Zentrums. Lust auf ungewöhnliche Mayaküche? Dann ist das *Bajlum (Ctra. Palenque-Ruinas km 2,8 | Tel. 01916 1 07 85 18 | €€)* die beste Wahl. Als Starter ist die Pilzpastete mit Kräutern des Regenwalds toll; danach lässt du dir das Gericht des Tages empfehlen. *F12*

CHETUMAL

(P-Q9) **Chetumal, die Hauptstadt (140 000 Ew.) des Bundesstaats Quintana Roo, liegt nicht am offenen Karibischen Meer, sondern geschützt in der Bahía de Chetumal direkt an der Grenze zu Belize.**
Am Ufer entlang verläuft eine viel befahrene, breite Straße; Touristen sieht man kaum in der Stadt. Erst auf den zweiten Blick entdeckt man ruhige Wohnstraßen mit Reihen von Holzhäusern im Kolonialstil und großen

Gestatten, mein Name ist Kinich Ahau, Gott der Sonne: Tempel der Masken in Kohunlich

für die Karibik typischen Flamboyantbäumen in den Gärten. Die meisten Gebäude sind jedoch neueren Datums, da in den 1940er- und 1950er-Jahren Hurrikans die Stadt heimsuchten.

Entlang der breiten, im Schachbrettmuster angelegten Straßen im Zentrum liegen moderne Hotels, Restaurants und zahlreiche Geschäfte. Verlässt man die Hafengegend, dann sieht man bald Fischerboote am Strand liegen. Chetumal dient vor allem als Ausgangspunkt für die in der Nähe gelegenen archäologischen Stätten und Naturschönheiten.

SIGHTSEEING

MUSEO DE LA CULTURA MAYA

Chetumals ganzer Stolz: ein supermodernes Bauwerk, das sich den Mayas widmet. In acht Abteilungen werden die Entwicklung ihrer Kultur in Mittelamerika, Modelle architektonischer Glanzleistungen und archäologische Fundstücke gezeigt. Spannend sind die Einführung in die Astronomie und Mathematik der Mayas sowie interaktive Programme. *Di–So 8–17 Uhr | Av. Héroes/Mahatma Gandhi | ⏱ 2 Std.*

ESSEN & TRINKEN

Überall in der Stadt findest du knallbunte Food Trucks, an denen Crêpes und Eiscreme, Tacos und Hamburger verkauft werden, aber auch Falafel, Bowls und Smoothies. Wenn du abends am Malecón entlangschlenderst, kannst du überall die frittierten, mit Zimtzucker bestreuten Schmalzgebäckstangen kaufen – himmlisch!

INSIDER-TIPP
Churros mit Meerblick

DON QUEQUE CAFÉ

Ein Hauch Südstaaten-Atmosphäre herrscht in dem farbenfroh hergerichteten zweistöckigen Holzhaus. Hier bekommst du üppiges Frühstück und typische Gerichte der Region. *Calle 22 de Enero zwischen Miguel Hidalgo und Reforma | Tel. 01983 1 05 96 15 | €*

SERGIO'S PIZZAS

Ein Klassiker der hiesigen Restaurantszene. Bereits zum Frühstück trifft man sich hier, toll ist die große Auswahl an frischen Säften und *pan dulce*. Bestell eine der *artesanal* genannten Pizzas, z. B. mit Birnen, Ziegenkäse und karamellisierten Zwiebeln. Die sind zwar etwas teurer, aber jeden Peso wert! *Av. Álvaro Obregón 182 | Tel. 01983 8 32 29 91 | sergiospizzas.com.mx | €€*

INSIDER-TIPP
Pizza mit dem gewissen Etwas

MARISQUERÍA EL TACO LOCO

Tortillas mit Ceviche und ein *agua de coco,* Tacos mit Krabben oder Krebsfleisch – allein dafür lohnt sich Chetumal. *Av. José María Morelos 87 | Tel. 01983 8 32 12 13 | tacoloco.mx | €–€€*

SHOPPEN

Chetumal ist Freihandelszone, Luxus-, Marken- und Elektronikartikel kannst du daher etwas preiswerter erstehen als anderswo.

STRÄNDE

PLAYA DE CALDERITAS

Die nächsten Strände liegen nördlich außerhalb der Stadt. Calderitas mit vielfältigem Wassersportangebot ist bis ans Ufer dicht beschattet mit Mangroven, Palmen und Zedern. Da der Strand eher schmal ist, haben einige Restaurants Plattformen über dem Wasser gebaut. Das leuchtet in den schönsten Türkistönen. Die Gegend ist bekannt für Reiher, Pelikane und andere Vogelarten.

RUND UM CHETUMAL

4 KOHUNLICH ★

70 km westlich von Chetumal/ 1 Std. 10 Min. über die MEX 186

Traum jedes (Hobby-)Mayaforschers: Versteckt in dichtem Dschungel, erheben sich auf sattgrünen Rasenflächen diese einzigartigen Tempelanlagen. Das ehemalige Zeremonialzentrum der Mayas ist noch weitgehend unerforscht. Ausgrabungen brachten zwei außergewöhnlich große Masken von 2 m Höhe mit menschlichen Gesichtszügen zutage, die als Dekoration in eine Seite des Haupttempels *Templo des las Mascarones* („Tempel der Masken") integriert und gut erhalten sind. Bei genauerem Hinsehen entdeckt man schwarze, rote und weiße Farbreste in den Vertiefungen der Steine. Es wird vermutet, dass es sich um Kinich Ahau handelt, den Mayagott der Sonne. Auf der *Plaza de las Estelas* wurden mehrere Stelen gefunden, der Ballspielplatz muss noch restauriert werden. *Tgl. 8–16.30 Uhr | ⏲ 2 Std. |* *🕮 09*

Trotz neuem Kreuzfahrtterminal noch entspannte Karibikatmosphäre: Mahahual

5 BECÁN & RÍO-BEC-ZONE

130 km westlich von Chetumal/2 Std. über die MEX 186

Auf halber Strecke zwischen Karibik und dem Golf von Mexiko erstreckt sich die Río-Bec-Zone der Mayas mit rund 20 archäologischen Stätten. Es wird angenommen, dass die Zone von 2000 v. Chr. bis 1200 n. Chr. besiedelt war und die meisten der heutigen Bauwerke ab ca. 600 errichtet wurden. Die bedeutendste archäologische Stätte am Río Bec ist *Becán (tgl. 8–17 Uhr | ⏲ 1½ Std.)*. An der *Akrópolis* erheben sich zwei 25 m hohe Pyramiden, die eher wie Türme aussehen und deren Ecken abgerundet sind. Zwischen ihnen liegt ein lang gestrecktes, einstöckiges Gebäude mit einem Eingang, von einem Erdmonster oder Erdgott dekoriert, dessen Pranke man gut erkennen kann. Drei Plazas mit ca. 20 Gebäuden sind von Bäumen umgeben, in einer liegt ein niedriger Altar. Im *Gebäude VIII* finden sich zehn Tunnel ohne Licht und Luftzirkulation, deren Gewölbe sich 10 m hoch erstrecken. Die gesamte Anlage ist von einem gewaltigen Wasserreservoir umgeben, 1500 m lang, 5 m tief und 15 m breit.

2 km südöstlich von Becán liegt *Chicanná (tgl. 8–17 Uhr | ⏲ 1 Std.)*. Kunsthistorisch Interessierte kommen hauptsächlich wegen der *Casa de la Boca de la Serpiente* (Haus des Schlangenmauls) an der Ostseite des Hauptplatzes (Gebäude II). Das Bauwerk ist sehr gut erhalten und zeigt an seiner Westseite die aufwendigste Maskendekoration der Río-Bec-Region: Der Tempeleingang stellt das geöffnete Maul eines schlangenähnlichen Monsters dar, das vermutlich Itzamná, den Gott der Schöpfung, repräsentieren soll. *N9*

6 CENOTE AZUL

35 km nordwestlich von Chetumal/ 40 Min. über die MEX 186 und MEX 307

Ziemlich beeindruckend ist dieser große, mit der Laguna de Bacalar unterirdisch verbundene „blaue" *cenote.* Er hat einen Durchmesser von stattlichen 185 m – da wird es nicht so schnell voll, auch wenn viele Einheimische hier baden. Das Wasser ist glasklar und mit einer Schwimmbrille lassen sich die Fische gut erkennen. Auch ein Restaurant ist vorhanden. *Tgl. 10–18 Uhr | P8*

7 LAGUNA DE BACALAR

40 km bis Bacalar nördlich von Chetumal/40 Min. über die MEX 186 und MEX 307

Die lang gestreckte Lagune schimmert je nach Sonnenstand in Türkis, Aquamarin und Ocker und auch das Grün des Dschungels spiegelt sich im Wasser; sie wird deshalb auch *Laguna de los Siete Colores* („Lagune der sieben Farben") genannt. Bereits 435 gründeten die Mayas an ihrem Westufer die Siedlung Bacalar („von Schilfrohr umgeben"). Ein gutes Jahrtausend später eroberten die Spanier die Region und gründeten 1544 Villa Salamanca de Bacalar. Da Piratenangriffe nicht ausblieben, errichtete man zum Schutz der Ortschaft 1728 das Hügelfort *Fuerte San Felipe,* umgeben von einem 4 m tiefen Graben. Heute enthält es das sehenswerte kleine *Museo de la Piratería (tgl. 10–16 Uhr),* für Kinder ein Traum. Ausgestellt sind Nachbauten und Modelle der alten Piratenschiffe, es gibt Kanonen und Porträts der Freibeuter zu sehen. Besonders schön ist der Blick auf das schimmende Wasser.

In den letzten Jahren hat sich die Lagune immer mehr zum Geheimtipp für Traveller entwickelt, denen Tulum zu hektisch geworden ist. Strände gibt es hier allerdings nicht, dafür einige öffentliche Badeplätze.

SIDER-TIPP
Mal einen Gang runterschalten

Für ein paar Pesos mietest du dir eine der bunten Hängematten, die mitten im Wasser der Lagune schaukeln. So geht Dolce Vita auf mexikanisch! *P8*

8 MAHAHUAL

140 km nordöstlich von Chetumal/2 Std. über die MEX 186 und MEX 307

Karibik wie im Bilderbuch: Hier vergehen die Tage mit Schwimmen, Schnorcheln und Relaxen. Seitdem ein Kreuzfahrtterminal geschaffen wurde, entwickelt sich der Ort zwar schnell weiter, verströmt aber nach wie vor eine angenehme Atmosphäre. Entlang des Malecóns laden Beach Clubs, Cafés und Restaurants ein, deren Angebot – Beer Buckets, Rum Punch und Nachos mit Käse – jedoch abgestimmt ist auf die US-amerikanischen Besucher von den Kreuzfahrtschiffen. Günstig sind die zahlreich angebotenen Ölmassagen am Strand wie auch – in besserer Qualität – in kleinen Studios im Dorf. *R8*

SCHÖNER SCHLAFEN IN CAMPECHE

STILVOLLE HACIENDA FÜR STADTGÄNGER

Campeches schönste Adresse: Durch die aufwendige Restaurierung wurde der morbide Charme der aus meterdicken Mauern erbauten *Hacienda Puerta Campeche (15 Zi. | Calle 18 Nr. 184 zwischen Calle 57 und Calle 59 | Tel. 01981 8167508 | puertacampeche.com | €€€)* noch mehr betont. Die beeindruckenden Zimmer (5 m hohe Decken!) sind luxuriös, doch gleichzeitig authentisch im damaligen Stil designt. Mit kleinem, romantischem Restaurant im Garten und stimmungsvoller Tequilakneipe.

ERLEBNIS TOUREN

Lust, die Besonderheiten der Region zu entdecken? Dann sind die Erlebnistouren genau das Richtige für dich! Ganz einfach wird es mit der MARCO POLO Touren-App: Die Tour über den QR-Code aufs Smartphone laden – und auch offline die perfekte Orientierung haben.

1 MIT DEM MOTORROLLER UM DIE INSEL COZUMEL

- Bei den Kreuzfahrern shoppen und Tequila verkosten
- Im glasklaren Meer zwischen tropischen Fischen schnorcheln
- Strandspaziergang an der raueren Ostseite der Insel

San Miguel de Cozumel — San Miguel de Cozumel

ca. 85 km — 1 Tag, reine Fahrzeit ca. 2–3 Stunden

Einen Motorroller (Führerschein nicht vergessen!) leihst du z. B. bei **Rentadora ISIS** *(5a Av. Norte 181 | Tel. 01987 8 72 33 67 | isiscarrental.com)*. Mit dem Roller darf man laut Mietvertrag nur auf geteerten Straßen fahren. Park daher am Eingang zum 6 **Playa y Parque Ecoturístico Punta Sur** und steig in den parkeigenen Kleinbus um.

Ach, wie ist das herrlich kitschig! Mit der Kutsche geht es hufeklappernd durch Izamal

In ❶ **San Miguel de Cozumel** *nimmst du die Carretera Costera Sur und erreichst rasch* den Kreuzfahrthafen und das im mexikanisch-karibischen Stil gestaltete Shoppingcenter ❷ **Puerta Maya**. Du parkst und bummelst vorbei an den farbenfrohen Boutiquen im *palapa*-Stil. *Im Gebäude 15, gleich gegenüber der Info,* gibt es einen **Deli**, wo du Getränke, Baguette, Guacamole und Käse für ein Picknick kaufen, dir alles in eine Kühltasche packen lassen und anschließend noch einen Kaffee mit Blick auf die Karibik trinken kannst. Dann geht es weiter zum ❸ **Discover Mexico** *(Mo–Sa 8–16 Uhr),* einer Park- und Gartenanlage mit **Visitor Center**, in dem einführende Filme gezeigt werden. Für den Rundgang zu Miniaturrepliken von Mexikos bekanntesten archäologischen Stätten und kolonialen Gebäuden sowie eine Tequilaverkostung planst du knapp zwei Stunden ein. Das integrierte **Kunsthandwerkmuseum** zeigt die Vielfalt des einheimischen Kunstschaffens.

SCHNEEWEISSER STRAND UND BUNTE KORALLEN

Nachdem du dich im **Café** erfrischt hast, geht es weiter zum ❹ **Chankanaab Beach Adventure Park** ➤ S. 62 mit karibischer Bilderbuchatmosphäre. Hier schnorchelst

1

12 km

⑤ El Cedral

14 km

⑥ Playa y Parque Ecoturístico Punta Sur

4 km

du über Korallen und zwischen tropischen Fischschwärmen im glasklaren Wasser. Du relaxt kurz am schneeweißen Strand unter Palmen, *danach geht es weiter über die Costera. Kurz nach dem Hotel Allegro führt ein Abstecher nach* ⑤ **El Cedral**, wo du die Überreste von mehr als 1000 Jahre alten **Mayabauwerken** bestaunst. Schau genau hin: Angepasst an die Farben der Umgebung, verharren gewaltige Leguane regungslos vor den Ruinen. *Am Ende der Costera Sur* findest du anschließend den Eingang zum ⑥ **Playa y Parque Ecoturístico Punta Sur** ➤ S. 50. Ein

INSIDER-TIPP
Aug in Aug mit dem Leguan

etwas holpriger Weg führt zwischen Lagunen und Mangroven zum ⑦ Faro Celarain mit tollem Rundumblick über die Südspitze Cozumels.

Im Chankanaab-Park: Mach doch mal ein Selfie mit Leguan!

PICKNICK UND DRINK AM STRAND

2 km weiter findest du Cozumels schönsten Strand, die ⑧ Playa Encantada, schneeweiß, feinsandig und mit glasklarem, türkis schimmerndem Meer – ideal zum Schwimmen. Höchste Zeit für ein Picknick am Strand! *An der Ostküste geht es dann weiter in nördlicher Richtung.* Hier ist die Karibik rau – perfekt für einen herrlichen Strandspaziergang! *Du parkst an der lang gezogenen* ⑨ Playa Punta Chiqueros und läufst einige Hundert Meter barfuß am Strand entlang. *Dann cruist du weiter zur* ⑩ Playa Chen Río: Karibikatmosphäre pur mit Palmen, unter denen Bars und Restaurants einladen. Lass dich dort nieder, wo dir die Musik zusagt, und genieß eine Virgin Colada. *Anschließend folgst du der Straße nach Norden, zweigst nach links ab auf die Carretera Transversal quer über die Insel und erreichst so wieder* ① San Miguel de Cozumel.

⑦ Faro Celarain
2 km
⑧ Playa Encantada
18 km
⑨ Playa Punta Chiqueros
3 km
⑩ Playa Chen Río
21 km
① San Miguel de Cozumel

② ZU FUSS UND MIT DER KUTSCHE DURCHS „MAGISCHE“ IZAMAL

- Das gewaltige Atrium des Klosters bestaunen
- Exotische Mayaküche in zauberhafter Kolonialatmosphäre
- Ein Höhepunkt im doppelten Sinn: auf die Pyramide klettern

Busterminal	Hecho a Mano
knapp 1½ km (ohne Kutschfahrt)	½ Tag, reine Gehzeit ½ Stunde

➊ Busterminal

Am ➊ **Busterminal** *(an der Kreuzung der Calles 32 und 31)* der Kleinstadt, in der nahezu alle Gebäude einen goldgelben Anstrich tragen, warten schon die einspännigen Kutschen, *calesas* genannt. Such dir die schönste aus, um stilvoll an dein Ziel zu gelangen: das ➋ **Convento San Antonio de Padua** ➤ S. 77, eines der größten Klöster des Landes und äußerst fotogen. Ein Rundgang unter den Arkaden im riesigen Atrium zeigt eindrucksvoll die 500 Jahre alte Kolonialpracht der Eroberer. Anschließend bummelst du zum nahen ➌ **Centro Cultural y Artesanal** *(Di–So 10–18 Uhr | Calle 31 Nr. 201)*, das eine kleine, liebevoll präsentierte Ausstellung des lokalen Kunsthandwerks zeigt und nette Souvenirs bereithält.

➋ Convento San Antonio de Padua

➌ Centro Cultural y Artesanal

WORKOUT NACH DEM ESSEN: PYRAMIDEN-CLIMBING

Zeit für ein Mittagessen. Über Kopfsteinpflasterstraßen läufst du zum *zwei Blocks nördlich gelegenen* Restaurant ➍ **Kinich** ➤ S. 78 mit seiner aufwendigen Gestaltung im kolonialen Stil. Lass dich von der Atmosphäre verzaubern und genieß die lokalen Spezialitäten; zum Abschluss muss es natürlich ein stilechter *café de olla* sein! *Ganz in der Nähe liegt etwas weiter östlich an der Calle 27* die Tempelpyramide ➎ **Kinich Kakmó** ➤ S. 78, Izamals indianisches Erbe. Nutz die Gelegenheit, bis zur Spitze hinaufzusteigen – bei fast allen Pyramiden der Halbinsel Yucatán ist das nämlich nicht mehr gestattet. Aus 35 m Höhe ergibt sich ein eindrucksvoller Blick auf die Kolonialstadt und deren Klosteranlage.

➍ Kinich

➎ Kinich Kakmó

➏ Hecho a Mano

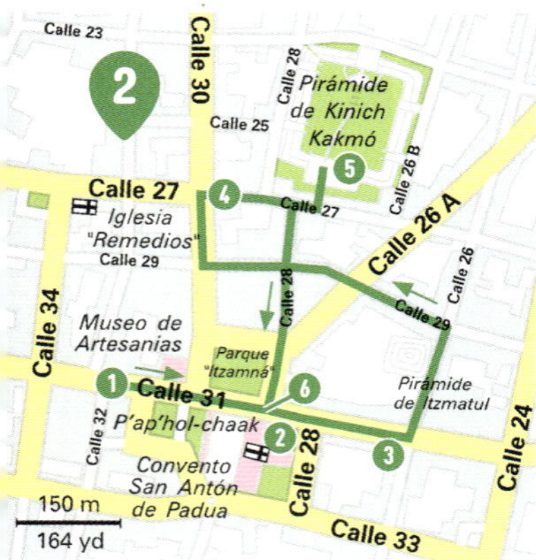

PARADIES FÜR MITBRINGSELSUCHER

Anschließend bummelst du weiter durch die Gassen: Zu entdecken gibt es zahlreiche Kunsthandwerksshops und nette Cafés. Hervorragend ist ➏ **Hecho a Mano** ➤ S. 78 mit seinen originellen, künstlerisch hochwertigen Produkten. Die Hängematten, bestickten Kleider und Ketten aus den Samen exotischer Pflanzen wurden alle in Handarbeit hergestellt. Hier findest du bestimmt ein schönes Mitbringsel!

3 ALTSTADT UND MEER IN CAMPECHE

- **Die schönsten Stadtpaläste suchen und fotografieren**
- **Nach Webarbeiten und Hängematten stöbern**
- **In die Welt der Piraten eintauchen**

Centro Cultural Casa No. 6	Puerta de Tierra
7 km (ohne Taxifahrt)	1 Tag, reine Gehzeit knapp 2 Stunden

Luz y Sonido „El Lugar del Sol": nur Do–So

An der Plaza Principal lässt du dich zunächst im 1 Centro Cultural Casa No. 6 ➤ S. 96 in die Atmosphäre der Campecher Oberklasse des 18. Jhs. entführen. Anschließend lockt das Museumscafé, in dem du Kaffee und frische Backwaren bekommst. Dann schaust du dich kurz im Kunsthandwerksladen des Hauses um und fragst am Infoschalter nach einem Altstadtplan. *Gegenüber* lockt die barocke Fassade der 2 Catedral de Nuestra Señora de la Purísima Concepción aus dem 17. Jh. für einen Fotostopp. Achte auf die Nischen, in denen du Statuen der Apostel Petrus und Paulus entdeckst.

1 Centro Cultural Casa No. 6

2 Catedral de Nuestra Señora de la Purísima Concepción

PFLANZENPRACHT IM ALTEN FORT

Der Spaziergang durch die von einer 8 m hohen Mauer umgebene und mit gewaltigen Bastionen verstärkte Altstadt führt dann *auf der Calle 10 einen Block nordostwärts zur* 3 Mansión Carvajal ➤ S. 97, einem eindrucksvollen Stadtpalast mit reich verzierter Fassade und einer gewaltigen Marmorfreitreppe. *Am Ende des nächsten Blocks wendest du dich links in die Avenida Circuito Baluartes Norte und erreichst zwei Blocks weiter* das Bollwerk 4 Baluarte de Santiago mit dem kleinen Jardín Botánico Xmuch Haltún ➤ S. 97. Als grüne, erfrischende Oase mitten in der Stadt bezaubert er

3 Mansión Carvajal

4 Baluarte de Santiago

mit hohen Bäumen, einem kleinen Teich und seiner tropischen Pflanzenpracht.

JADESCHMUCK UND KUNSTHANDWERK

❺ Baluarte de la Soledad

Der weitere Weg führt dich *über die Calle 8* zum ❺ Baluarte de la Soledad *an der Westecke der Plaza Principal,* wo du Teile der erhaltenen Stadtmauer siehst. *Untergebracht in der Bastion* ist das Museo de Arquitectura Maya ➤ S. 96, zu dessen glanzvollsten Ausstellungsstücken Jademasken und Jadeschmuck aus Calakmul gehören. *Einen Block weiter auf der Calle 8* liegt das Stadttor ❻ Puerta de Mar mit rekonstruierten Stadtmauern. *Die Calle 8 führt weiter zum* ❼ Baluarte de San Carlos, in dem das Museo de la Ciudad ➤ S. 97 eindrucksvoll die Geschichte der Stadt darstellt. *Der Rückweg zur Plaza Principal passiert in der Calle 10* die ❽ Casa de Artesanías Tukulná ➤ S. 99 in einem azurblauen Stadthaus. Hier findest du eine tolle Auswahl an handgewebten Schultertüchern und Trachten der Maya, farbenprächtigen Hängematten, handgeschnitzten Tiermasken und leichten Panamahüten.

❻ Puerta de Mar

❼ Baluarte de San Carlos

❽ Casa de Artesanías Tukulná

SCHLEMMEN MIT BLICK AUF DIE PLAZA

Wieder zurück auf der Plaza, genießt du die kulinarischen Spezialitäten von Campeche, etwa *huachinango* (Red Snapper) oder *calamares,* besonders schön auf

dem Balkon der ⑨ Casa Vieja de los Arcos ➤ S. 98 mit Blick auf Plaza und Kathedrale. Nach diesem stilvollen Lunch spazierst du von der Plaza *über die Calles 10 und 61 zum Malecón und wendest dich nach links.* Parallel zur Hauptstraße verläuft direkt am Meer der 5 km lange Seaside Walkway, getrennt für Radfahrer und Fußgänger. Palmen, kleine, liebevoll angelegte Kakteengärten und Sitzgruppen laden zum Pausieren ein. Straßenkünstler zeigen hier nachmittags ihre Künste und werden dafür mit einigen Pesos erfreut. *Vorbei am Parque Campeche Siglo XXI, der sich ein wenig ins Meer hinein erstreckt, verläuft die jetzt Av. Resurgimiento genannte Straße zum Stadtteil Colonia Miramar.* Nach insgesamt 4 km erreichst du das Restaurant ⑩ El Faro del Morro *(Av. Resurgimiento 120 | Tel. 01981 8 16 19 90 | €€)*, ein toller Stopp am Meer in karibisch gestylter Umgebung.

⑨ Casa Vieja de los Arcos

⑩ El Faro del Morro

Per Taxi geht es dann zurück in die Stadt zur ⑪ Puerta de Tierra, wo dich ein spannender Abschluss erwartet: Die einstündigen Licht-und-Ton-Spiele Luz y Sonido „El Lugar del Sol" ➤ S. 100 entführen dich im suggestiven Ambiente der Bastionen auf eine kleine Zeitreise in die koloniale Ära der Stadt – eine Epoche, in der einbeinige Piraten und Freibeuter mit Augenklappe vor der Küste kreuzten, bereit zum Angriff auf die prall gefüllten Schatzkammern Campeches.

⑪ Puerta de Tierra

GUT ZU WISSEN

DIE BASICS FÜR DEINEN URLAUB

ANKOMMEN

ANREISE

Die deutsche Fluggesellschaft Condor fliegt mehrmals in der Woche von mehreren deutschen Städten nonstop nach Cancún. Eurowings steuert – meist mit einem Zwischenstopp in Florida – ebenfalls Cancún an. Die Flugzeit von Mitteleuropa aus beträgt in der Regel zwischen elf und 14 Stunden, abhängig von der Länge der Zwischenlandung. Beim Flug über Mexiko-Stadt erfolgt der Weiterflug nach Cancún, Mérida, Chetumal oder Campeche mit einer der mexikanischen Fluggesellschaften.

– 7 Stunden Zeitverschiebung

in den Bundesstaaten Yucatán und Campeche, in Quintana Roo mit Cancún, Playa del Carmen/Riviera Maya und Chetumal hingegen nur –6 Stunden. Mexikos Sommerzeit dauert vom ersten Aprilsonntag bis zum letzten Oktobersonntag, doch Achtung: Quintana Roo stellt nicht auf Sommerzeit um – hier liegt man während der Sommerzeit in Europa also wie im Rest der Halbinsel sieben Stunden zurück.

Adapter Typ A

Die Netzspannung beträgt 110–125 Volt; Adapter sind überall günstig zu kaufen bzw. in größeren Hotels für die Gäste auch zu leihen.

EINREISE

Für die Einreise benötigst du einen noch mindestens sechs Monate gülti-

Weiter kommst du auf vielerlei Art – in Sian Ka'an allerdings stellenweise nur per Boot

gen Reisepass. Vor der Landung wird eine Touristenkarte mit Fragen zur Flugnummer und dem Dauer des Aufenthalts ausgeteilt, die ausgefüllt bei der Einreise abzugeben ist. Eine Kopie verbleibt im Pass und muss bei der Ausreise wieder abgegeben werden.

WEITER-KOMMEN

BUSSE

Busreisen sind sicher, komfortabel, schnell und selbst in der *primera classe* sehr günstig (8–12 Euro pro 100 km). Nimm auf weiteren Strecken einen der luxuriösen Busse (*de lujo* oder *ejecutivo.* Die fahren mit Aircondition, Bordfernsehen und Toiletten mit wenigen Zwischenstopps auf Mautstraßen. Sogar ein Lunchpaket bekommst du! Mehrere private Busgesellschaften verkehren von zentralen Busbahnhöfen bzw. von ihren jeweiligen Terminals in der Stadt. Bei weiteren Strecken kauft man den Fahrschein *(boleto)* besser bereits am Vortag! Den meisten Komfort bietet die Busgesellschaft ETN. Vom ADO-Busbahnhof in Cancún *(Calle 2/Av. 25–30)* fährt der *Playa Express* stündlich nach Playa del Carmen.

INLANDSFLÜGE

Die Low-Cost-Airlines *Aeromar (aeromar.com.mx), Volaris (volaris.mx), Vivaaerobus (vivaaerobus.com), Aeroméxico (aeromexico.com)* und *Mayair (mayair.com.mx)* sind unterwegs in Yucatán und ganz Mexiko.

MIETWAGEN

Es ist wesentlich billiger, den Leihwagen bereits zu Hause zu buchen als in Mexiko. Kleinwagen sind bei Vermitt-

GRÜN & FAIR REISEN

Du willst beim Reisen deine CO_2-Bilanz im Hinterkopf behalten? Dann kannst du deine Emissionen kompensieren *(atmosfair.de; myclimate.org)*, deine Route umweltgerecht planen *(routerank.com)* oder auf Natur und Kultur *(gate-tourismus.de)* achten. Mehr über ökologischen Tourismus erfährst du hier: *oete.de* (europaweit); *germanwatch.org* (weltweit).

lern wie *billiger-mietwagen.de* je nach Saison bereits ab 10 Euro pro Tag zu haben. Fahrer unter 25 und über 65 Jahren zahlen häufig einen Aufpreis. Vollkasko ist in Mexiko ein Muss, jedoch bei Vertragsabschluss auch günstig zu buchen. Der nationale Führerschein reicht zwar aus, bei Polizeikontrollen ist der internationale jedoch besser. Halte dich unbedingt sehr genau an Vorschriften und Tempolimits, um der Polizei keine Handhabe für ein Eingreifen zu geben.
Landstraßen heißen in Mexiko oft *libre* im Gegensatz zu den mautpflichtigen Autobahnen *(cuota,* 100 km ca. 5 Euro). Vor Ortschaften liegen auf der Straße *topes* (Schwellen), die nicht immer angekündigt werden.

INSIDER-TIPP
Tempo runter vor der Ortseinfahrt!

TAXI
Viele Taxis haben kein Taxameter oder es ist (angeblich) kaputt; in diesem Fall ist der Fahrpreis vorher auszuhandeln, falls es keine Tafel mit den Einheitspreisen gibt. Taxis sind außer in Cancún preiswert, wenn man nach einheimischem Tarif bezahlt. Frag daher vor Fahrtantritt im Hotel nach dem ungefähren Fahrpreis. An den Flughäfen gibt es im Ankunftsbereich Stände, an denen du dein Ziel nennst und einen Fahrschein für ein lizenziertes Taxi erwirbst.

IM URLAUB

BADEN
Das türkisblaue Wasser der mexikanischen Karibikküste verführt zum Schwimmen. Mitunter muss jedoch mit höheren Wellen und Unterwasserströmungen gerechnet werden. Deswegen gilt: Unbedingt die Signalflaggen am Strand beachten und bei roter Flagge auf den Hotelpool ausweichen! Wegen der Strömungen bevorzugen die meisten Mexikaner geschützte Buchten und meiden Strände am offenen Meer. In und bei Cancún darfst du nicht zu weit hinausschwimmen und musst im Bereich der abgrenzenden Bojen bleiben, da es schon mehrfach zu Haiangriffen kam.
Seit einigen Jahren leiden die Karibikstrände massiv unter zum Teil tonnenweise angeschwemmten, stinkenden Braunalgen (Sargassum). Das Phänomen ist vermutlich durch die zunehmende Erwärmung und Verschmutzung der Meere hervorgerufen. Während der Saison bemüht man sich in den Badeorten meist um schnelle Beseitigung, auch weil man einen Einbruch der Touristenzahlen befürchtet.

FESTE & EVENTS
RUND UMS JAHR

FEBRUAR
Der **Karneval** (Foto) wird überall ausgelassen mit Musik, Umzügen, Tänzen und reichlich Alkohol begangen. Berühmt ist der karibisch geprägte Karneval in Mérida.

21. MÄRZ
Equinoccio (Chichén Itzá und Dzibilchaltún): Licht-und-Schatten-Spiel und Illuminationseffekte zur Tagundnachtgleiche

MAI
Travesía Sagrada Maya (Xcaret, Playa del Carmen und Cozumel), *travesiasagradamaya.com.mx:* Bei dem dreitägigen Fest paddeln Hunderte Mayas mit altertümlichen Kanus vom Festland zur rund 20 km entfernten Insel Cozumel.

24. JUNI
San Juan (Campeche): Bootsparade mit dem Bild des Heiligen entlang der Uferpromenade

SEPTEMBER
Viva México! (Cancún): Einen ganzen Monat lang Folklore, Tanz und Musikshows, Kunsthandwerksausstellungen sowie ein Filmfestival

Fiesta del Cristo de las Ampollas (Mérida): Prozessionen, Musik, Jahrmarkt und Tanz zu Ehren des „Christus der Brandblasen"

Equinoccio (Chichén Itzá) Licht-und-Schatten-Spiel zur Tagundnachtgleiche

Fiesta de San Miguel Arcángel (Cozumel): Mit Prozession und Tänzen feiert man den Schutzpatron der Insel.

1./2. NOVEMBER
Todos los Santos/Día de los Muertos (ganz Mexiko): An Allerheiligen und Allerseelen siehst du lachende Gerippe und Totenschädel aus Zuckerguss, überall werden Altäre aufgebaut.

16.–24. DEZEMBER
Posadas: In den Dörfern ziehen als Maria und Josef verkleidete Pilger von Haus zu Haus.

EINTRITTSPREISE

Bei den großen und bedeutenden Mayastätten beginnen die Eintrittspreise ab 5 Euro, am höchsten liegen sie mit rund 12 Euro in Chichén Itzá. An der Kasse wird in der Regel nur Barzahlung in einheimischer Währung akzeptiert. In kleineren Stätten und privaten Museen liegt der Eintritt gewöhnlich bei 1,50–3 Euro. Bei Einrichtungen, bei denen der Eintritt deutlich über diesen Richtwerten liegt, haben wir ihn in diesem Band jeweils extra genannt.

FEIERTAGE

1. Jan.	*Año Nuevo* (Neujahr)
5. Feb.	*Día de la Constitución* (Tag der Verfassung)
21. März	*Natalicio de Benito Juárez* (Geburtstag von B. Juárez)
1. Mai	*Día del Trabajo* (Tag der Arbeit)
5. Mai	*Día de la Batalla de Puebla* (Jahrestag der Schlacht von Puebla 1862)
1. Sept.	*Informe Presidencial* (Präsidentenbericht)
16. Sept.	*Día de la Independencia* (Unabhängigkeitstag)
12. Okt.	*Día de la Raza* (Kolumbustag, auch „Tag der Rasse“)
20. Nov.	*Día de la Revolución* (Tag der Revolution)
25. Dez.	*Navidad* (Weihnachten)

FOTOGRAFIEREN

Motive, wohin du auch schaust! In den meisten Museen und archäologischen Stätten wird an der Kasse jedoch eine geringe Zusatzgebühr fällig. Mayas lassen in der Regel nur äußerst ungern von sich ein Bild machen. Wenn man sie fotografieren möchte, gehört es sich deshalb unbedingt, vorher um Erlaubnis zu bitten *(¿con permiso?)*.

WAS KOSTET WIE VIEL?

Snack	1–2 Euro *für einen Taco am Stand*
Bier	1,50–2 Euro *für eine Flasche cerveza*
Kaffee	1,80–3 Euro *für einen Cappuccino*
Souvenir	ab 15 Euro *für eine Hängematte*
Busfahrt	8–12 Euro *für 100 km in der 1. Klasse*
Benzin	um 0,90 Euro *für einen Liter*

FRAUEN ALLEIN UNTERWEGS

Im „Macho“-Land Mexiko gibt es für alleinreisende Frauen nicht nur interessierte Blicke, sondern mitunter auch verbale Anmache. In der Regel droht allerdings keine Gefahr, wenn du einige Vorsichtsregeln beachtest: Spätnachts bzw. am frühen Morgen sollte frau es vermeiden, allein unterwegs zu sein; ebenso sollten einsame Strände nur in Begleitung besucht werden. Offensives Flirten mit Mexikanern, per Anhalter Fahren und der Besuch einer *pulquería,* einer Männerkneipe, verbieten sich von selbst.

GELD & KREDITKARTEN

Landeswährung ist der mexikanische Peso, dessen Kürzel ($) nicht mit dem US-$ verwechselt werden darf. Weitere verbreitete Kürzel sind mex. $ und M. N. *(Moneda Nacional).* In Cancún und Playa del Carmen ist auch die Zahlung in Dollar möglich. Visa und Mastercard sind weit verbreitet. Am einfachsten und vom Wechselkurs her am günstigsten sind die überall vorhandenen Geldautomaten *(caja permanente),* an denen du mit der Kreditkarte bzw. der (Maestro-)Bankkarte Bargeld erhältst. Auch Wechselstuben *(cambio de moneda)* gibt es in allen größeren Orten.

INTERNETZUGANG & WLAN

Nahezu alle Hotels und selbst kleine Pensionen bieten kostenlosen WLAN-Zugang. Auch viele Restaurants verfügen über einen Internetzugang für den Laptop. Zahlreiche Gemeinden offerieren WLAN in einem bestimmten Bereich; häufig ist das die örtliche Grünanlage, der *Parque Principal* bzw. *Zócalo.* Internetcafés sind in Städten und touristischen Gebieten weit verbreitet.

ÖFFNUNGSZEITEN

Die Öffnungszeiten variieren stark. Auf dem Land halten Ladeninhaber gern eine Siesta zwischen 13 und 16 Uhr, an der Riviera Maya und in Touristenorten sind die Geschäfte bis in die späten Abendstunden geöffnet. Museen sind montags gewöhnlich geschlossen.

POST

Die Post *(Mo–Fr 9–18 Uhr)* heißt in Mexiko *correo,* eine Luftpostkarte *(por avión)* ist in die Heimat rund zwei Wochen unterwegs. Am einfachsten ist es, du steckst deine Ansichtskarten im Hotel in den Briefkasten oder gibst sie an der Rezeption ab.

TELEFON & HANDY

Mexiko hat die Vorwahl 0052, dann folgt die Ortsvorwahl ohne die 01. Man telefoniert mit Telefonkarten (30, 50, 100 Pesos) von Telefonzellen, auch ins Ausland (Vorwahl Deutschland 0049, Österreich 0043, Schweiz 0041). Eine weit verbreitete Option ist der Gratis-Telefonservice von Whatsapp, Skype etc. Wenn du dein Mobiltelefon häufiger benutzen willst, lohnt sich der Kauf einer mexikanischen Prepaidkarte. Am Flughafen und in den Badeorten gibt es Telcel-Shops, in denen du bereits ab 100 Pesos eine Simcard kaufen kannst.

TRINKGELD

Kellner erwarten zehn bis 15 Prozent *propina,* ihre Entlohnung ist entsprechend niedrig. Falls zur Restaurantrechnung bereits 16 Prozent *propina* addiert wurden, rundest du nur geringfügig auf. Taxifahrer erwarten kein Trinkgeld, allenfalls rundet man geringfügig auf. Für das Koffertragen in Flughäfen oder den Transport aufs Zimmer gibt man pro Gepäckstück 10 Pesos. Auch fürs Zimmermädchen lässt man pro Übernachtung 10 Pesos auf dem Nachttisch zurück.

UNTERKUNFT

Jugendherbergen findest du in Cancún, Campeche und Cozumel. Außerdem gibt es in Cancún, Mérida, Playa del Carmen und Campeche zahlreiche günstige, auf junge Leute zugeschnittene Pensionen, Hostels und Gäste-

häuser *(albergue, hostal)*. Angebote im Internet z. B. auf *hostelworld.com/hostels/mexico*.
Wunderschön sind kleinere, typisch mexikanische Boutiquehotels, die sich zum Verband *Hoteles Boutique de México (hotelesboutique.com)* zusammengeschlossen haben. Bei der Suche nach Haciendahotels ist *privatehaciendas.com* eine gute Adresse.

NOTFÄLLE

DIPLOMATISCHE VERTRETUNGEN

- *Deutsches Konsulat Cancún: Tel. 01998 8 84 15 98 | mexiko.diplo.de*
- *Österreichisches Konsulat Cancún: Tel. 01998 8 81 19 70 | bmeia.gv.at*
- *Konsulat der Schweiz Cancún: Tel. 01998 8 84 84 46 | eda.admin.ch/mexiko*

NOTRUF

Feuerwehr und Rettungsdienst: *Tel. 060;* Polizei: *Tel. 080*

WICHTIGE HINWEISE

GESUNDHEIT

Impfvorschriften bestehen nicht. Tetanus- und Polioschutz sind immer empfehlenswert. Ein gewisses Malariarisiko besteht an der Golfküste. Wer individuell über Land reist, sollte auch an eine Typhus- und Hepatitisvorsorge denken. Leitungswasser ist außerhalb der großen Hotels von Cancún und Mérida nicht trinkbar. Moctezumas Rache erwischt trotz aller Vorsichtsmaßnahmen fast jeden Mexikobesucher. Auslöser sind oft Eiswürfel oder Wasser, ungeschälte Früchte und Salat. Viele europäische Medikamente sind in mexikanischen Apotheken *(farmacia)* ohne Rezept zu erhalten – um einiges preiswerter als zu Hause. In Notfällen hilft das *Hospital Amerimed (Av. Bonampak/Av. Nichupté | Plaza Las Américas | Tel. 01998 8 81 34 00 | amerimedcancun.com)* in Cancún.

KLIMA & REISEZEIT

An der Karibikseite Yucatáns regnet es häufiger als im übrigen Land. Ideale Reisezeit mit ruhigem Meer und weniger Luftfeuchtigkeit ist der europäische Winter von November bis März. Über Weihnachten und um Ostern wird es voll und teuer, dann sind viele Hotels ausgebucht. Während der Hurrikansaison von Juli bis November fallen die Übernachtungspreise um bis zu 40 Prozent. Beim Spring Break in den USA Mitte März bis Anfang April fallen 100 000 feierwütige Collegestudenten in Cancún ein.

MEXIKANISCHE ADRESSEN

In vielen Straßen gibt es keine Hausnummern, gelegentlich werden daher Kilometerangaben (z. B. Paseo Kukulcán km 3,6) gemacht. Ist eine Hausnummer angegeben, bedeutet dies nicht, dass sie auch am Haus sichtbar ist. Auch ist die Abfolge der Hausnummern in einer Straße nicht immer logisch. Bei Adressen wird daher möglichst eine Ecke mit einer Querstraße angegeben (z. B. Avenida Guerrero/ Calle Madero) oder zwischen welchen beiden Querstraßen die Adresse zu finden ist (z. B. Avenida Juárez zwischen Calle 5 und 7). „Avenida" wird meist abgekürzt (Av. oder Avda.) und „Calle" oft weggelassen.

SICHERHEIT

Auch wenn die Drogenkartelle weitgehend in abgelegenen Gebieten operieren und auf deren Konto gehende Überfälle und Gewalttaten bisher in Yucatán die Ausnahme waren, ist Vorsicht geboten. Nach Einschätzung des Auswärtigen Amts verschlechtert sich die Sicherheitslage im Land beständig. Unterlassen sollte man nächtliche Busreisen und auch Fahrten mit dem Mietwagen nach Einbruch der Dunkelheit. Statt allein in abgelegene Gebiete und zu Ausgrabungsstätten zu reisen, bucht man besser organisierte Touren bei größeren Veranstaltern. Vermeide es auch, nachts in Downtown Cancún unterwegs zu sein. Achte auf die Umgebung, in der du dich aufhältst, besonders auch beim Feiern, und leg ein gesundes Misstrauen an den Tag, um nicht übervorteilt bzw. das Opfer von Kleinkriminalität zu werden.

ZOLL

Bei der Einreise sind Waren bis zum Wert von 500 US-$ zollfrei (bei Einreise auf dem Landweg nur 300 US-$!), bei Rückkehr in die EU u. a. 1 l Spirituosen, 200 Zigaretten und sonstige Waren bis zu einem Wert von 430 Euro. Verboten ist die Ausfuhr von Antiquitäten und von „Bruchstücken" aus archäologischen Stätten.

WETTER IN MÉRIDA

	JAN.	FEB.	MÄRZ	APRIL	MAI	JUNI	JULI	AUG.	SEPT.	OKT.	NOV.	DEZ.
Tagestemperaturen	28°	29°	32°	33°	34°	33°	33°	33°	32°	31°	29°	28°
Nachttemperaturen	17°	17°	19°	21°	22°	23°	23°	23°	23°	22°	19°	18°
Sonnenschein Stunden/Tag	6	6	7	7	8	7	8	7	6	6	6	5
Niederschlag Tage/Monat	4	2	1	2	5	10	11	12	13	7	3	3
Wassertemperatur in °C	25	25	25	26	27	27	28	28	28	27	26	25

Sonnenschein Stunden/Tag   Niederschlag Tage/Monat   Wassertemperatur in °C

SPICKZETTEL SPANISCH

SMALLTALK

ja/nein/vielleicht	**sí/no/quizás**
bitte/danke	**por favor/gracias**
Hallo!/Auf Wiedersehen!/Tschüss!	**¡Hola!/¡Adiós!/¡Hasta luego!**
Gute(n) Tag!/Abend!/Nacht!	**¡Buenos días!/¡Buenas tardes!/¡Buenas noches!**
Entschuldige!/Entschuldigen Sie!	**¡Perdona!/¡Perdone!**
Darf ich …?	**¿Puedo ...?**
Wie bitte?	**¿Cómo dice?**
Ich heiße …	**Me llamo ...**
Wie heißen Sie?/ Wie heißt du?	**¿Cómo se llama usted?/ ¿Cómo te llamas?**
Ich komme aus … Deutschland/ Österreich/Schweiz	**Soy de ... Alemania/Austria/ Suiza**
Das gefällt mir (nicht).	**Esto (no) me gusta.**
Ich möchte …/Haben Sie …?	**Querría .../¿Tiene usted ...?**

ZEIGEBILDER

ESSEN & TRINKEN

Die Speisekarte, bitte!	**¡El menú, por favor!**
teuer/billig/Preis	**caro/barato/precio**
Könnten Sie mir bitte ... bringen?	**¿Podría traerme ... por favor?**
Flasche/Karaffe/Glas	**botella/jarra/vaso**
Messer/Gabel/Löffel	**cuchillo/tenedor/cuchara**
Salz/Pfeffer/Zucker	**sal/pimienta/azúcar**
Essig/Öl/Milch/Zitrone	**vinagre/aceite/leche/limón**
kalt/versalzen/nicht gar	**frío/demasiado salado/sin hacer**
mit/ohne Eis/Kohlensäure	**con/sin hielo/gas**
Vegetarier/Vegetarierin/Allergie	**vegetariano/vegetariana/alergía**
Ich möchte zahlen, bitte.	**Querría pagar, por favor.**
Rechnung/Quittung/Trinkgeld	**cuenta/recibo/propina**

NÜTZLICHES

Wo ist ...? /Wo sind ...?	**¿Dónde está ...? /¿Dónde están ...?**
Wie viel Uhr ist es?	**¿Qué hora es?**
heute/morgen/gestern	**hoy/mañana/ayer**
Wie viel kostet ...?	**¿Cuánto cuesta ...?**
Wo finde ich einen Internetzugang/ WLAN?	**¿Dónde encuentro un acceso a internet/wifi?**
Hilfe!/Achtung!/Vorsicht!	**¡Socorro!/¡Atención!/¡Cuidado!**
Apotheke/Drogerie	**farmacia/droguería**
kaputt/funktioniert nicht	**roto/no funciona**
Panne/Werkstatt	**avería/taller**
Darf ich hier fotografieren?	**¿Podría fotografiar aquí?**
offen/geschlossen/Öffnungszeiten	**abierto/cerrado/horario**
Eingang/Ausgang	**entrada/salida**
Toiletten (Damen/Herren)	**aseos (señoras/caballeros)**
(kein) Trinkwasser	**agua (no) potable**
Frühstück/Halbpension/Vollpension	**desayuno/media pensión/pensión completa**
Parkplatz/Parkhaus	**parking/garaje**
Ich möchte ... mieten.	**Querría alquilar ...**
ein Auto/ein Fahrrad/ein Boot	**un coche/una bicicleta/un barco**
0/1/2/3/4/5/6/7/8/9/10/100/1000	**cero/un, uno, una/dos/tres/ cuatro/cinco/seis/siete/ocho/ nueve/diez/cien, ciento/mil**

URLAUBS FEELING

ZUM EINSTIMMEN & AUSKLINGEN

LESESTOFF & FILMFUTTER

VOM FORSCHER, DER AUSZOG, DAS ZAUBERN ZU LERNEN

Auf der Suche nach Glück und Zufriedenheit lernt Christian Rätsch die Sprache der Lakandonenindianer kennen, lebt mit ihnen in Chiapas und lernt von ihrer Kultur. Ein witziges, ungewöhnliches und auch tiefgründiges Buch von 2008.

IN MEXIKO: REISE DURCH EIN HITZIGES LAND

Andreas Altmann reist für seine Reportagen durch das ganze Land und liefert in seinem Buch von 2018 fesselnde, herzergreifende und unerwartete Geschichten über ein widersprüchliches Mexiko.

BITTERSÜSSE SCHOKOLADE

Alfonso Arau verfilmte 1992 in warmen Farben und weich gezeichneten Bildern die bittersüße Liebesgeschichte des Romans seiner Frau Laura Esquivel – und landete einen weltweiten Riesenerfolg.

FRIDA

Julie Taymor führte 2002 Regie bei der Verfilmung des exzentrischen Künstlerlebens von Frida Kahlo. In der Hauptrolle glänzt Salma Hayek.

PLAYLIST QUERBEET

0:58

II LILA DOWNS – CLANDESTINO
Die kraftvolle Stimme der Sängerin mit indianischen Wurzeln sorgt für eingängige Songs und Ohrwürmer

▶ PAULINA RUBIO – NI UNA SOLA PALABRA
Das hörst du in Yucatán immer wieder: Latin Pop vom Feinsten

▶ DANNY OCEAN – ME REHÚSO
Sommer, Sonne, gute Laune: Latin Pop, nach dem ganz Yucatán tanzt

▶ RÍO ROMA & THALÍA – LO SIENTO MUCHO
Emotionaler, mitreißender Liebessong mit der im ganzen Land bekannten Popikone Thalía

▶ ZOÉ – AZUL
Noch nie was von neopsychedelischer Musik gehört? Diese mexikanische Rockband räumt gewaltig ab

Den Soundtrack zum Urlaub gibt's auf ***Spotify*** unter ***MARCO POLO Mexico***

Oder Code mit Spotify-App scannen

AB INS NETZ

TIME TOURS: CHICHÉN ITZÁ
Die App lädt zu einer Zeitreise inklusive Schatzsuche in der Welt der Pyramidenstätte.

MUNDOMAYA.TRAVEL/DE
Eine Fundgrube, wenn du dich für die Mayakultur interessierst. Dazu brauchbare Tipps für den Besuch der Tempelstätten unterwegs und inspirierende Fotos.

CANCUN MAP AND WALKS
App aus der Reihe City Walks: Stadtplan inklusive Gebäuden, Restaurants, Bars, Shopping, Hotels, Museen etc. Genauer geht es nicht!

YUCATANLIVING.COM
Ausländische Residenten, die in Yucatán leben und arbeiten, geben auf dieser Plattform Einblick in den Alltag: Nachrichten, Reisevorschläge und -hinweise sowie Hintergrundberichte.

WEBCAMSDEMEXICO.COM
Die Playa de Norte auf der Isla Mujeres, die Quinta Avenida in Playa del Carmen, die Mole im Hafen von Cozumel und viele mehr.

TRAVEL PURSUIT

DAS MARCO POLO URLAUBSQUIZ

Weißt du, wie Yucatán tickt? Teste hier dein Wissen über die kleinen Geheimnisse und Eigenheiten von Land und Leuten. Die Lösungen findest du in der Fußzeile. Und ganz ausführlich auf den S. 20–25.

❶ Was können die *voladores*, die Vogelmenschen, besonders gut?
a) Den Kopfsprung in einen der vielen *cenotes*
b) Den Bungeesprung von einem bis zu 30 m hohen Baumstamm
c) Vogelstimmen nachahmen

❷ Wie hieß der für den Wind zuständige Gott der Mayas?
a) Taifún
b) Monsún
c) Huracán

❸ Wann entwickelte sich die Kultur der Mayas?
a) Vor über 3000 Jahren
b) Vor gut 2000 Jahren
c) Im 8./9. Jh.

❹ Wodurch wurden die Haciendas von Mérida und Campeche reich?
a) Durch Sisal
b) Durch den Anbau von Agaven und deren Destillation zu Tequila
c) Durch den Gummirohstoff Kautschuk

❺ Wie groß ist die längste Unterwasserhöhle Yucatáns?
a) 147 km
b) 247 km
c) 347 km

❻ Woraus haben die Mexikaner einen bizarren Kult gemacht?
a) Aus der Tequiladestillation
b) Aus dem Tod
c) Aus der Cowboykultur

Lösungen: 1b, 2c, 3a, 4a, 5c, 6b, 7b, 8c, 9b, 10a, 11a, 12c

Diese Fasern machten yucatekische Haciendas reich. Aber was sind das denn für Fasern? Frage 4!

❼ Was sind *tortugranjas?*

a) In ganz Yucatán beliebte Frühstücksflocken

b) Aufzuchtstationen für Meeresschildkröten

c) Die Ballspielplätze auf den Tempel- und Pyramidenanlagen der Mayas

❽ Wodurch erlebte der kleine Badeort Mahahual einen enormen Boom?

a) Durch eine hier 2017 vor der Küste eröffnete Ölbohrplattform

b) Durch zahlreiche Ökoresorts und Yoga-Retreats

c) Durch den für Kreuzfahrtschiffe ausgebauten Hafen

❾ Wie heißen die auf Plätzen und in Restaurants auftretenden Kapellen?

a) Marimbas

b) Mariachis

c) Manatis

❿ Durch welche mathematische Leistung wurden die Mayas berühmt?

a) Durch die Einführung der Null

b) Durch die Entdeckung der Zahl Pi

c) Durch die Einführung der Bruchrechnung

⓫ Wie hieß der als „mexikanischer Robin Hood" geltende Bandit und Revolutionsheld?

a) Pancho Villa

b) Sancho Pansa

c) Ernesto „Che" Guevara

⓬ Was kannst du in den für Yucatán typischen „Ökoparks" erleben?

a) Touren zur Vogelbeobachtung

b) Schildkröten bei der Eiablage

c) Kommerzielle Action- und Vergnügungsangebote

LOB ODER KRITIK? WIR FREUEN UNS AUF DEINE NACHRICHT!

Trotz gründlicher Recherche schleichen sich manchmal Fehler ein. Wir hoffen, du hast Verständnis, dass der Verlag dafür keine Haftung übernehmen kann.

MARCO POLO Redaktion • MAIRDUMONT • Postfach 31 51
73751 Ostfildern • info@marcopolo.de

Impressum
Titelbild: Cancún (AWL Images: M. Colombo)
Fotos: A. M. Gross (66/67, 97); Huber images: P. Giocoso (8/9); huber images: S. Kremer (52, 126/127); Huber images: T. B. Morandi (2/3); huber-images: G. Croppi (84), Dima (28/29), J. Foster (99), S. Kremer (73, 74/75), T. Mackie (13), J. Ritterbach (104), R. Schmid (11); huber-images/Naturalight (61); F. Ihlow (92/93); Laif: Tophoven (82, 102); mauritius images RF: R. Torres (86/87, 89); mauritius images: J. Ulmer (33 rechts); mauritius images/age: B. Jannsen (59); mauritius images/Alamy (10, C. G. Filip (Klappe hinten), E. Fuster Salamero (90), S. Lecocq (48), F. Lemmens (77), N. Marcutti (21), J. Mitchell (45, 81), J. C. Muñoz (Klappe vorne außen, Klappe vorne innen, 1), E. Nathan (101), N. Polanszky (47), Schoening (128/129), D. Tierney (51); mauritius images/Alamy/Art Kowalsky (22); mauritius images/Alamy/Blaine Harrington III (116/117); mauritius images/Alamy/Bryan Mullennix World View (26/27); mauritius images/Alamy/Directphoto.bz (12, 108/109); mauritius images/Alamy/Grant Rooney Premium (119); mauritius images/Alamy/Hackenberg-Photo-Cologne (111); mauritius images/Alamy/Megapress (14/15); mauritius images/Alamy/Yucatan Fine Art Photography (80); mauritius images/Hemis.fr: R. Mattes (6/7); mauritius images/Imagebroker: H. Corneli (62); mauritius images/Imagebroker/VWPics: G. Vaughn (56); mauritius images/Onoky: P. Turpinñ (106); mauritius images/Prisma: R. Dirscherl (34/35); B. Müller-Wöbcke (131); Shutterstock: Michele Morrone (36/37); O. Stadler (16/17, 25, 29 rechts, 32/33, 40/41, 55, 64, 79)

9. Auflage 2023, komplett überarbeitet und neu gestaltet

Autorin: Birgit Müller-Wöbcke; Redaktion: Nikolai Michaelis; Bildredaktion: Gabriele Forst
Kartografie: © MAIRDUMONT, Ostfildern (S. 38–39, 112, 114–115, Umschlag außen); DuMont Reisekartografie, Fürstenfeldbruck © MAIRDUMONT, Ostfildern (S. 110, Faltkarte); © MAIRDUMONT, Ostfildern, unter Verwendung von Kartendaten von OpenStreetMap, Lizenz CC-BY-SA 2.0 (S. 42–43, 68–69, 71, 94–95)
Als touristischer Verlag stellen wir bei den Karten nur den De-facto-Stand dar. Dieser kann von der völkerrechtlichen Lage abweichen und ist völlig wertungsfrei.
Gestaltung Cover, Umschlag und Faltkartencover: bilekjaeger_Kreativagentur mit Zukunftswerkstatt, Stuttgart
Gestaltung Innenlayout: Langenstein Communication GmbH, Ludwigsburg
Spickzettel: in Zusammenarbeit mit PONS GmbH, Stuttgart
Texte hintere Umschlagklappe: Lucia Rojas
Konzept Coverlines: Jutta Metzler, bessere-texte.de

Printed in Poland

FSC www.fsc.org
MIX
Paper | Supporting responsible forestry
FSC® C018236

MARCO POLO AUTORIN
BIRGIT MÜLLER-WÖBCKE
Als die Autorin vor bald drei Jahrzehnten das erste Mal nach Yucatán kam, blieb sie gleich drei Monate – so sehr hatte die Karibikhalbinsel sie gepackt. Seitdem zieht es sie jeden Winter für ein paar Wochen her. Für ihre reisejournalistischen Beiträge über Mexiko erhielt sie die *Pluma de la Plata,* die „Silberne Feder", aus der Hand des damaligen mexikanischen Präsidenten Vicente Fox.

BLOSS NICHT!

FETTNÄPFCHEN UND REINFÄLLE VERMEIDEN

PYRAMIDEN IN DER MITTAGSHITZE

Mayapyramiden sind äußerst steil und die Stufen unregelmäßig und hoch. Spätestens beim Hinabsteigen wird es schwierig und leicht wird einem schwindlig. Deshalb: Nur morgens oder möglichst spät am Nachmittag und stets mit Kopfbedeckung klettern!

ZU VIEL ENGLISCH REDEN

Die Mexikaner lieben die Deutschen. US-Amerikaner? Die kommen zwar in Massen, sind aber nicht so beliebt. Deshalb: Wenige Worte Spanisch helfen unterwegs oft mehr als flüssiges Englisch. Und ganz wichtig bei Nachfragen: *Yo soy de Alemania*.

SEPTEMBER/OKTOBER AN DER KARIBIKKÜSTE

Auch wenn ein ausgemachter Hurrikan wie seinerzeit die berüchtigte Wilma nur alle paar Jahre einmal vorkommt: Wer im Frühherbst zum Baden an die Karibikküste kommt, muss hin und wieder auch mit aufgewühltem Meer, viel Regen und dichter Wolkendecke rechnen. Schön dramatisch – aber nicht unbedingt jedermanns Geschmack.

SICH ALS GEIZHALS OUTEN

Amis geben 15–25 Prozent Trinkgeld, Deutsche runden gern auf 800 Pesos auf, wenn die Rechnung 760 Pesos beträgt – und riskieren damit, dass der Kellner die Tür hinter ihnen zuschlägt. Will man als Gast auch zukünftig nett bedient werden, muss man sich dem anpassen.

MIT DER FALSCHEN SONNENCREME ZUM CENOTE

Chemikalien zerstören das Gleichgewicht der Gewässer, die Korallen und schaden den Fischen. Vor dem Besuch von Naturschutzparks und *cenotes* wird deshalb oft kontrolliert: Akzeptiert sind nur Cremes mit biologisch abbaubarem Sonnenfilter – in den Badeorten überall erhältlich.